第二版　　　　辛靜宜・葉秋呈

邏輯入門

東華書局

國家圖書館出版品預行編目資料

邏輯入門 / 辛靜宜, 葉秋呈編著. – 第二版. -- 臺北市 : 臺灣東華, 民 98.05

288 面 ; 19x26 公分

ISBN 978-957-483-534-8 (平裝)

1. 邏輯

150　　　　　　　　　　　　　　　98007497

邏輯入門

編 著 者	辛靜宜・葉秋呈
發 行 人	陳錦煌
出 版 者	臺灣東華書局股份有限公司
地　　址	臺北市重慶南路一段一四七號三樓
電　　話	(02) 2311-4027
傳　　真	(02) 2311-6615
劃撥帳號	00064813
網　　址	www.tunghua.com.tw
讀者服務	service@tunghua.com.tw
門　　市	臺北市重慶南路一段一四七號一樓
電　　話	(02) 2371-9320

2026 25 24 23 22　HJ　16 15 14 13 12

ISBN　　978-957-483-534-8

版權所有　・　翻印必究

作者簡介

◎辛靜宜（Ching-I Hsin）

國立交通大學應用數學系博士，目前為明新科技大學資訊工程系副教授。先後主持過多項國科會數學與數學教育計畫，曾擔任「教育部提升大學基礎教育」之「提升技職院校數學教育計畫」總主持人，並於全校大一學生各科目（含通識）教學評鑑中以「微積分」榮獲第四高分。在著作方面，除有多篇論文發表在國內外期刊，並譯有《微積分》(Calculus, Concepts & Contorts, by James Steward)及《商用微積分》(Calculus, for the Managerial, Life and Social Sciences, by Tan) 二書。

◎葉秋呈（Chiou-Cherng Yeh）

國立政治大學應用數學系碩士，目前為明新科技大學自然科學組助理教授。先後擔任過多項校內專題研究計畫主持人，亦曾擔任「教育部提升大學基礎教育」之「提升技職院校數學教育計畫」分項計畫（一）主持人。在著作方面，除五專用書《數學》(一)、(二)、(三)、(四)冊與《商管微積分》外，亦有多篇研究論文發表於國內 TSSCI 與具嚴謹審查制度的國內外期刊中。曾經榮獲獎項有：「績優導師獎」、「教學績優教師——教學特優獎」等。

作者合影
左起辛靜宜，葉秋呈。攝於新竹，民國 96 年。

自然與經驗的生活邏輯

缺乏數學的修養，我們很難深入的討論哲學問題；
不從哲學的觀點看，則無法深入討論數學；
去掉數學和哲學，則我們根本無法深入的討論任何事物。～Leibniz.

多年來，我想找一本從自然經驗與生活中，能清楚有趣味的說明數學道理的邏輯書，讓畏懼數理邏輯的學子，體會數理邏輯的美，進而自然地接觸它；並把其他領域所學來的知識，伴著優美的邏輯思維，融入日常生活中。直到看到葉老師與辛老師的書，才發覺：原來夢裡尋他千百度，驀然回首，那書卻在智慧燈火閃爍處。

本書作者以感性的筆觸，將邏輯的經驗化身生活的體驗，遊走於家庭、社會及學校的各個角落，更融入生活周遭的小插曲，娓娓道來人類最深層的智慧文化。其中最令人激賞的，應是拋開傳統著作的窠臼，極力將邏輯之理論，以生活化的例題、平易近人的描述及穿插趣味的故事，把知識傳達給讀者，這種用心也最是令人感動。卡爾‧維爾斯特拉斯曾說：一個沒有幾分詩人才氣的數學家，永遠不會成為一個完美數學家。讀完本書真的讓人體會到神遊於智慧殿堂的樂趣。

二位數學專家能以過來人的心路歷程，用流暢的文筆，不僅淺出深入地探討人類心靈最嚴謹的密碼，亦敘述邏輯學的真實與可愛的一面。我想此書不但讓科技大學的學生更能體會到邏輯的精神與應用，亦是社會大眾的良師益友。在 E 世代多元社會裡，更是社會認知與共識的基礎。最後期望能繼續完成撰寫下一本多元邏輯 (模糊邏輯) 的新書，符合進步中的台灣社會期待。

吳 柏 林
2007 年 6 月於指南山麓

吳柏林
國立政治大學應用數學系教授

台灣智慧科技與應用統計學會秘書長。1997 美國傅布萊特 (Fulbright) 史丹佛大學研究學者，2000 年中華發展基金講座教授獎，2004 獲邀日本早稻田大學情報生產系統所特約講座。2002 年、2004 年政大傑出研究講座。專攻時間數列分析與預測、模糊統計分析、模糊邏輯與人工智慧。著有現代統計學、時間數列分析與預測等專書 5 本及發表於國際著名學術期刊論文 40 餘篇。

推薦序

　　我認識辛靜宜博士已十年。回憶當年她還在交通大學應用數學系博士班研讀的時代，她的目標是想要成為「很會教數學的老師」，所以到教育學程來研讀學習與教學理論，練習教學技巧。靜宜修過我任教的「教育心理學」、「教育測驗評量」課程，從此開始我們多年亦師亦友的交往。2006 年春花飛舞的三月，靜宜告訴我說她要寫一本課本。時間飛逝、一年已過，她不但完成寫作，並來囑咐我為《邏輯入門》寫序。我非常欽羨她目標明確、劍及履及的現代女俠風格，再則對自己的學生出版大學用書，更是覺得非常光榮。

　　什麼是邏輯？邏輯是以正確的方法進行推理思考 (reasoning)，相關的議題是近代認知心理學非常重視關切的研究領域，以 reasoning, inference, problem solving, decision making, scientific argumentation, heuristics, thinking strategy 等關鍵字檢索心理學期刊論文，會發現過去五十年之中，心理學家對於人類邏輯思考歷程、會發生的謬誤等已有充足的實證資料。比起希臘哲人亞里士多德提出三段論法的時代──當時只能初步描述人類的正確推理，今天的心理實證資料已經使我們更深入了解人類推理的威力與極限。最重要的是，我們知道邏輯思考是可以經由練習而得到晉升的，只是練習效果還是有侷限的，需要足夠的與生俱來的智力。

　　就像靜宜和秋呈自序說的：邏輯不是數學老師的專利，邏輯遍佈於我們生活。舉凡律師準備法庭辯論、撰寫學術論文、解數學問題、回答元宵節的燈謎、解答火柴棒問題、看懂偵探小說，甚至是傳播八卦流言或想聽懂腦筋急轉彎，這些表面上看似不相干的事件，背後的共通基礎就是邏輯。靜宜和秋呈兩位數學教授在《邏輯入門》中，以深入淺出的方式引導

推薦序

你、我學習邏輯。

　　學邏輯有什麼好處呢？如果你是年輕人，喜歡看名偵探柯南、金田一辦案等故事，或者像我一樣年紀大一點的人，喜歡看科南道爾、阿加莎‧克里斯蒂、江戶川亂步的小說；如果你會盯著電視看 CSI 犯罪現場，或者想看紐約時報暢銷小說作家 John Grisham 的法庭故事電影 (如：失控的陪審團，The run away jury)，請你一定要讀這本書，對你研判誰是殺人兇手會有幫助。

　　思考不是一件容易的事，但是經常讓頭腦體操一下，逐漸你就會享受思考的樂趣。心理學家 Csikszentmihalyi 發現人們在頭腦體操當中會產生心醉神迷、樂而忘返、時間感扭曲 (忘記時間過多久) 的主觀經驗，要享受這種樂趣之前，一定要先裝備自己的知識與能力，唯有你的思考技巧與任務的挑戰性不相上下時，才能享受到樂趣。希望大家閱讀這本書、學會思考的技巧，並且體會到上帝賞賜人類大腦的益處與快樂。

林 珊 如

林珊如
交通大學教育研究所、師培中心教授

南加大教育心理與諮商學系博士，主修認知與學習。有二十餘篇論文發表於有嚴謹審查制度之國內外期刊，為 2004 至 2006 年國科會傑出研究獎得主。

邏輯入門

好的數學書有那麼難找嗎？

　　如鳳毛麟角般難找。好的數學書需兼顧可讀性和準確性，而這兩者常不相容。試想您坐車於田野間見路旁一黑色綿羊，會人性化的說「此處有一黑色綿羊」？抑或是一味追求嚴謹性而云「此處有一身體左側為黑色的綿羊」？若一味追求嚴謹性而忽略讀者，寫出來的書徒見樹而不見林矣！

　　有鑑於此，本書先將讀者定位為國內技職院校生，僅需高職數學背景即可閱讀本書，並享受本書生活化的敘述方式。

　　本書作者辛靜宜和葉秋呈有十多年的豐富教學經驗，非常清楚技職院校生在邏輯思考方面需補強的地方，此書誠然是技職院校邏輯入門的經典課本！不知不覺中您已輕鬆的讀完本推薦了；而本書也將一樣的輕鬆易懂。好的數學書有那麼難找嗎？有，但您已找到一本了。

蔡孟傑

蔡孟傑
國立清華大學數學系教授
麻省理工學院數學系博士，專長為幾何與代數，曾獲「國科會傑出研究獎」與「中華民國青年數學家獎」。

作 者 序

◆ 本書簡介

　　本書原則上是科技大學邏輯相關課程 (一學期兩學分) 的教科書。本書出版之前，曾以課堂講義的形式教授於明新科技大學服務學院的邏輯思考與決策分析以及通識課——邏輯動動腦等課程 (均為一學期兩學分)，頗受大多數師生好評 (少部分是覺得太簡單)，因市面上無同類型的書，所以將之擴充集結成書。

　　縱觀社會，不論從事哪一種行業，基本的邏輯訓練是必要的。例如：很多公司招考員工，就是考「中文」、「英文」與「邏輯」三科，這是因為公司高層普遍認為好的決策來自於充分的知識、專業的經驗與邏輯推理能力。又如：美國研究所入學一律要考 GRE 或 GMAT，當中也有考「邏輯」。再如：不論是學生時代的「畢業專題」，或是各行各業的「企劃書」，沒有邏輯的支撐，頂多也只是一堆空洞的形容詞。再者，因為理工管理相關科系的技職體系學生，較具有科學類相關課程 (尤其數學類與程式設計)，而這些課程莫不根基於邏輯，因此，對於基本的邏輯訓練，尚不致於匱乏。但對於非理工管理相關科系的技職體系學生而言，大學課程中，鮮少接觸推理思考，於是催生了邏輯思考等課程與本書的出版。

　　雖然邏輯是相當基礎且重要的，但因涵蓋範圍太大，要設計成一學期兩學分的課程，在選材方面勢必有所取捨。我們特將本書定位為通俗生活化的邏輯入門教科書，主要是想讓學生能先從興趣紮根。事實上，邏輯本身就是介於數學與哲學之間的學科，也正因如此，題材的選擇多少反映了個人的喜好，這有價值判斷的意味。寫書過程中，即使我們兩位作者已有

共識，但對一些細節，仍不斷在歧見中溝通。例如，有些例題(或故事)，一人認為有趣，而另一人認為無聊且故作幽默；甚至有些名詞，一人認為這樣解釋比較清楚，而另一人認為簡直是庸人自擾。我們相信這樣的情況絕非特例，所幸「條條道路通邏輯」，基本上，老師可根據個人喜好來詮釋邏輯觀念，而且也不是每一個例子都要講解，只要不是大幅度變更章節順序，可依個人喜好而跳過某些例子甚至跳過某個章節，銜接上都不至於發生太大的問題。

大體上，本書旨在提供學生邏輯思考、合理推論的經驗。有鑑於此，本書前六章，基本上循亞里士多德所謂的「古典邏輯學」，藉由邏輯學中的用語，釐清我們日常生活中的邏輯概念，並分別介紹「演繹推理」與「非演繹推理」；第七章進入十九世紀開始發展的數理邏輯，運用符號邏輯(包含真值表與量詞)，加強學生對複合敘述推理的掌握；第八章簡介一些基本的集合概念，並以集合來幫助邏輯推理(例如用文氏圖說明亞里士多德的三段式論法)；最後於第九章羅列一些邏輯推理謎題，此一章節將坊間流行的推理謎題分門別類，由淺入深的介紹。換言之，<u>第九章可獨立於其他章節，本書於試用期間，也有老師將第九章拆出，於每次上課時最後預留三十分鐘，要同學自行解題並說明之，效果也不錯</u>。而目錄中列星號的章節為選材部分，即第七章符號邏輯與第八章集合之第七、八、九節(笛卡兒乘積與等價關係)，教師可視課程規劃決定是否納入上課內容。

本書的特點之一在於「適合高等技職體系學生的邏輯教科書」。目前，有關邏輯的書大致可分成以下三類。一是偏向生活層面的邏輯介紹，大部分以故事穿插，說明一些邏輯用語與一些常犯的思考錯誤，較合適個人怡情養性，但介紹方式以趣味為主，較缺少系統化的理論介紹，這使得讀者往往忽略背後的精神。再者，沒有推理謎題與學生的習題演練，因此，較屬科普書籍而不是教科書。二是偏向趣味層面的謎題大全，不但有趣也可動腦，但謎題本身的編排，較少顧及條理分明與由淺入深的原則，

加上未涉及邏輯用語與一些常犯的思考錯誤，也不屬教科書。三是較嚴謹的邏輯學或理則學教科書，前者(邏輯學)偏重於數理工程相關的符號邏輯，對其他領域的學生不但較不適用，反而會讓學生心生退卻；而後者(理則學)則較偏重於哲學的層次，也不適合科技大學的學生。綜合以上三類書籍的優點，並補強它們的不足，本書以科普書籍為師，系統化的理論介紹作架構，利用故事及生活化的例題，去指正一些邏輯思考中常犯的錯誤，再以思考性的習題與趣味謎題來確認學生的吸收，最後集結成一本教科書，這和目前市面上的邏輯相關書籍訴求與特色不盡相同。

本書的特點之二，在於「通俗生活化」。我們嘗試將邏輯以通俗、生活化的方式呈現，這是因為我們從事教學十餘年，充分體認到成功的教學，先決條件是「讓同學接受」，並能「樂於吸收」，若一味地以本位主義出發，強調理論的美而忽略教材的親和力，也難達成我們教學的目標，於是，我們不只在例題與習題上儘量以通俗生活化的方式撰寫，而且也利用內文中提到的相關名人簡介，來展現教材親和力及平易近人的一面。正如吳念真所言：通俗是一種功力。我們不敢大言不慚的說已具這種功力，但這的確是我們寫這本書的目標。

◆ 給學生的話

我們建議同學不要因個人的數學背景來斷言自己是否讀得懂此書。其實只要靜下心來，多動動腦，絕大多數的邏輯觀念是簡單的，是容易理解的。邏輯思考與數學計算能力並不相關，本書也用不到高強的計算能力，小學程度的算術能力就足夠了，同樣的，具有高強的計算能力也不代表對邏輯有較深的認識。

本書還希望同學能多動動腦，而且是有條有理的動腦，本書不強調背誦、記憶，儘量避免一些故弄玄虛，看似高深卻無用處的專有名詞。但

邏輯 入門

是，在論述的過程中，為了授課講解方便起見，難免還是會介紹一些專有名詞與原則，或是一些分類(例如：條列式的 (一)、(二)、(三)、(四) 等)，但<u>大多數的專有名詞、原則與分類都是不需背誦，只要理解、會應用即可</u>，甚至最好能用自己的話來闡釋，因為經過消化吸收後的知識，才能內化成自己的判斷與推理。這是什麼意思呢？

兩位作者其實都是數學出身，因此邏輯充斥於我們的任何一門數學專業課程，無形中已建立了我們的邏輯觀，所以雖然我們從未上過所謂的「邏輯課」，但邏輯思考已深深進入我們的思考模式中。但是，寫教科書反倒是必須把這些內建的觀念抽離出來，由淺入深，分門別類的介紹。其過程有些像一個游泳好手，其姿勢本身已達一定的流暢程度，但是當此游泳好手要化身成一個游泳教練時，他反而要重新省視其分解動作，才有辦法教會旱鴨子游泳。可是，只是熟悉分解動作，而動作卻很生硬的人，是絕對不能成為高手的。因此，若同學讀完本書後，最好能到達忘卻規則，用自己的話行雲流水的闡釋邏輯觀念或邏輯謎題，這才是真正的高手。換言之，我們希望同學經由這些規則、名詞等等進入邏輯領域之後，能內化成自己的想法，而後忘卻這一些規則，自成一套理性思考的體系，這才是最高的境界 (有看過金庸《書劍江山》的同學，就會發現這一段頗有「上乘武功如庖丁解牛」的味道)。

同學在接觸本書前面內容之前，也可直接進入第九章推理謎題，試著解題。通常對解謎有興趣的同學，大體上邏輯觀念都相當不錯，對本書介紹的觀念吸收也很快，上課只是系統化加強邏輯觀念，對邏輯有一個較整體的概念，應可輕鬆快樂的學習，甚至以前也有同學很喜歡解推理謎題，覺得這門課是他求學生涯中少數能寓教於樂的課程。至於對解題感到困難的同學，也不必灰心，因為只要靜下心來，多動動腦，於本門課程的收穫，也必將豐碩 (以上這段文字頗有本書第四章之兩難推理的味道)。

在此還要提醒同學，以上說了很多「邏輯很重要」的話，並不代表其

他的學科就不重要。若要將決策或解決問題比喻為烹飪，知識（尤其是專業知識）就好像是原料，邏輯就好像是方法，唯有兩相搭配，才能有豐盛美味的菜餚。否則，徒具知識卻無邏輯，就像光有原料卻無烹調的方法，所有的東西只是一個個獨立的東西，不具整體性也無法消化；至於徒具邏輯卻無知識，就像只知道烹調的方法，但巧婦難為無米之炊，不是嗎？事實上，各學科就像人所需要的五大類營養成份，都有其重要性，不可偏廢。

◆ 結　語

首先，我們要對東華書局，致上深深的謝意，使我們的教材得以再版。其次，我們也非常感謝授課教授的採用與讀者所提供的建議與指教。

我們還要感謝幾位重要人物：侯源安老師、邱進興老師與施耀振老師，感謝你們提供不少教材內容與授課經驗，因為你們的傾囊相受，使得本書內容更加充實完整。當然，我們還要感謝家人，沒有你們的支持與體諒，此書根本無法出版。

最後，不能免俗的，還是要在這誠懇地說：因本書乃第二版，疏漏在所難免。若有任何建議，敬請不吝指教。

目　錄

作者簡介 …………………………………………………………… iii

自然與經驗的生活邏輯 …………………………………………… iv

推薦序 ……………………………………………………………… vi

好的數學書有那麼難找嗎？ ……………………………………… viii

作者序 ……………………………………………………………… ix

第一章　導　論　　1

一、敘述簡介 ………………………………………………………　3

二、推理簡介 ………………………………………………………　8

習　題 ……………………………………………………………… 13

第二章　定　義　　15

一、定　義 ………………………………………………………… 15

二、語詞與概念 …………………………………………………… 22

三、定義的原則 …………………………………………………… 27

習　題 ……………………………………………………………… 30

第三章　敘　述　　33

一、敘述的種類 …………………………………………………… 33

二、否定句 ………………………………………………………… 40

三、同義句 ………………………………………………………… 46

四、關係判斷 ……………………………………………………… 48

習　題 ……………………………………………………………… 51

第四章　演繹推理　　59

一、演繹推理的種類 …………………………………… 61
二、聯言推理 …………………………………………… 63
三、選言推理 …………………………………………… 63
四、假言推理 …………………………………………… 64
五、兩難推理 …………………………………………… 67
六、「充分條件」、「必要條件」以及「充要條件」 …… 73
習　題 ………………………………………………… 75

第五章　邏輯推理的基本規則　　87

一、同一律 ……………………………………………… 87
二、不矛盾律 …………………………………………… 93
三、排中律 ……………………………………………… 101
習　題 ………………………………………………… 104

第六章　非演繹推理　　107

一、歸納推理 …………………………………………… 107
二、類比推理 …………………………………………… 116
習　題 ………………………………………………… 122

*第七章　符號邏輯　　125

　　一、符　號 …………………………………………… 126

　　二、真值表 …………………………………………… 129

　　三、量　詞 …………………………………………… 137

　　習　題 ………………………………………………… 144

第八章　集　合　　147

　　一、集合的定義 ……………………………………… 148

　　二、集合的表示法 …………………………………… 149

　　三、常見的集合名詞 ………………………………… 152

　　四、集合的運算及文氏圖 …………………………… 155

　　五、集合的元素個數 ………………………………… 166

　　六、三段式論法 ……………………………………… 171

*　七、笛卡兒乘積 ……………………………………… 179

*　八、關　係 …………………………………………… 181

*　九、等價關係與等價類 ……………………………… 184

　　習　題 ………………………………………………… 189

第九章　邏輯推理謎題　　195

　　一、邏輯分析 (類似 GRE 分析之題組) …………… 196

　　二、配對問題 ………………………………………… 200

　　三、說謊問題 ………………………………………… 205

　　四、分析推論 (類似 GRE 分析之選擇題) ………… 209

xvii

五、數　獨 ………………………………………………… 216

六、腦筋急轉彎 …………………………………………… 218

七、趣味數學 ……………………………………………… 223

例題解答 …………………………………………………… 225

習　題 ……………………………………………………… 246

參考書目　　　　　　　　　　　　　　　　　　265

第一章 導論

「邏輯」的英文是 logic，源自於希臘 logos，它是研究理性思考推理的一門學問。這門學問不僅培養我們如何找出問題所在，也訓練我們如何推理找結論的能力。如「作者序」中所提，很多公司的徵人考試與美國研究所入學考都將邏輯列入範圍。事實上，不論在哪個領域，邏輯觀念是幫助我們理性思考的重要工具。

一般咸認為史上第一位有系統研究邏輯的人是希臘三哲人之一的亞里士多德。所謂希臘三哲人是蘇格拉底、柏拉圖與亞里士多德，他們三人乃師徒三代，不但是西方哲學的開山始祖，也與邏輯學的發展密不可分。在古希臘時代，學者們盛行「辯證法」(又稱詭辯法，此法以問題回答問題，所以重點在於提出好的問題，倒不強調提出具體解答，沒有解答也無所謂，但是會在過程中逐漸修築出一個大家較能信服的說法)，蘇格拉底便是其中之佼佼者。而柏拉圖師承蘇格拉底，擅長以「反證法」(所謂反證法，並不是今日我們看到的證明，比較像是舉反例)證明對方回答不周全之處，但是並沒有對「理性思考的方式」提出說明，例如：什麼樣的辯證過程可得必然結論？又什麼樣的辯證過程可得不必然但是可能的結論。此時，也有人研究語法學，其中包含邏輯思考部分，不過並沒有將之系統化的發展成一套學問。直到亞里士多德，他不但系統化的研究邏輯，甚

至在他的講學中,也將「邏輯學」單獨列為一門課。本書之第一章至第六章,以及第八章提到的三段式論法,就是以亞里士多德的「邏輯學」為師,也有人將此部分稱為「古典邏輯學」。至此,「邏輯學」不但成型(雖有理論修補,使之更完美,但大體上萬變不離其宗),也主宰西方文化理性思考的模式長達千年之久,一直到十九世紀,「數理邏輯」(於本書第七章簡單介紹)與「集合論」(於本書第八章簡單介紹)的興起,「邏輯學」才增添了新方向。

蘇格拉底 (Socrates, 前 469 年～前 399 年)

蘇格拉底對西方哲學最重要的貢獻就是在正文提到的辯證法。當代的人公認他是最聰明的人,但他經常說他自己的智慧來自於他體認到自己的無知。他終其一生追求真理,甚至最後因不敬神被判需飲毒自殺時,他也不願破壞法制去依就學生安排的路逃跑,於是選擇赴死。

柏拉圖 (Plato, 前 427 年～前 347 年)

柏拉圖因其著作《對話錄》與《理想國》而流芳百世。此外,他曾於希臘雅典創校,名為學院 (Academy),即今日大學的前身。

亞里士多德 (Aristotle, 前 384 年～前 322 年)

亞里士多德著作甚豐，堪稱當代的百科全書。雖然他是邏輯的開山始祖，但是他對文明的貢獻，主要仍是在自然科學方面。他提倡「實做」，不強調「空談」，主張研究自然科學，對西方文明影響極深。不過，他很多觀察是不正確的(如：同一高度下，重物下墜的速度比輕物快)，提倡「實做」卻未能清楚說明「如何做」(如：做實驗要控制變因)，但大體上瑕不掩瑜。沒有亞里士多德的貢獻，可能整個文明的發展就得往後延遲了。

註：亞里士多德在自然科學方面的錯誤，大都被伽俐略與牛頓修正。

一、敘述簡介

一般而言，我們把句子分成：**直述句**、**疑問句**、**感嘆句**與**命令句**四種。例如：(1)「西元 2004 年是閏年。」(2)「任意數的零次方均為 1。」(3)「京都比東京好玩。」等都是直述句。而「你今晚要吃飯，還是麵？」「你要去哪裡？」「你這件衣服貴不貴？」是疑問句。至於「今晚的月色好美喔！」「這次的成功，都是靠大家一起努力的結果啊！」「以後，我們一定不再爭吵了！」就是感嘆句。「不准亂丟垃圾！」「去看書！」則為命令句。

直述句中，能夠客觀判斷真假的句子，我們稱之為**敘述 (statement)**。換言之，並不是所有的直述句都是敘述，唯有那些可客觀判斷真假的句子才是敘述。其中如果敘述的內容與事

實完全相符，我們稱**此敘述為真**，否則我們就稱**此敘述為假**或**此敘述為偽**。敘述既然是可判斷真假的句子，則真、假兩個情況之中，必有其一，不可能出現其他的情況。以前一段三個直述句為例：(1)可客觀判斷其內容為真，故此直述句為敘述且此敘述為真；(2) 因零的零次方無意義，所以與事實不相符，故此直述句為敘述且此敘述為假；至於 (3)，好不好玩乃因人而異，其真假涉及主觀判斷，所以此一直述句不是敘述。

在科學 (尤其是數學) 的領域中，或是某些邏輯書，所謂「可以客觀判斷真假」，指的是「恆為真」或「恆為假」。但是在一般日常生活以及本書中，則沒有這麼嚴格的規定，只要可以客觀判斷「真」、「假」即可，並不必「恆為真」或「恆為假」。比方說：「1 是自然數。」是恆為真的敘述。而「任意一個二次單變數的二次多項式函數的圖形必為直線。」則是恆為假的敘述。而「今天的最高溫是攝氏 28 度。」「這裡氣候四季分明。」「我認為京都比東京好玩。」則是可以客觀判斷真假的直述句，雖然其真假會因時、因地、因說話的人而有所不同，但只要確定時間、地點與說話的人，則這些直述句之真假立判，並不會因不同人解讀而有所差異，因此仍屬於敘述。此外，有些敘述的真假還要視當下所處的環境與背景而定。例如：「1 + 1 = 2」是一個「恆為真」的敘述嗎？若以日常生活中的十進位觀之，這的確是「恆為真」的敘述，但若以二進位觀之 (所有整數均以 0, 1 表之)，那 1 + 1 = 10 (讀作壹零)，而 2 根本不存在。不過，一般而言，除非特別聲明，否則我們仍預設「1 + 1 = 2」的背景是十進位，故此敘述為真。還有一些直述句目前雖還無法知道是真還是假，但事實只有一個，非真即假，只是我們不知道而已，而這也屬於敘述，例如：「外太空某星

球上有生物。」便是一例。

　　初寫本書時，我們曾接到「只有恆為真或恆為假的直述句才是敘述，光是只有可以客觀判斷真假此一條件，不夠嚴謹。」之建議，雖然作者十分感謝也尊重諸位先進的見解，但我們仍決定本書不採取嚴格規定，採從寬處理 (直述句中，能夠客觀判斷真假的句子，我們就稱之為敘述)，其原因有二。

　　第一：本書希望貼近同學的生活。而生活中，可以客觀判斷真假的直述句很多，而「恆為真」或「恆為假」的直述句相對較少，既然邏輯屬工具類，若用的場合過少，就失去了存在的必要性，充其量只是理論完美卻不實際的空中閣樓。

　　第二：科學的進步持續進行，連帶也使得有些當時是恆為真的敘述，不再為真。例如：作者就讀小學時，某課本為了彰顯「人的偉大」，而寫了「在地球上，人是唯一可以會使用工具以求便利的生物。」不過區區數年，這句話已不是恆為真的敘述，因為珍古德的研究讓我們知道：黑猩猩會用樹枝挖蟻穴，因此黑猩猩也會使用工具以求便利。這種例子在科學界中不勝枚舉，也就是說，某些場合，有些恆為真的敘述其實嚴格說來是「時至今日為真」的直述句。在這種情況下，若我們執著於「唯有恆為真或恆為假的直述句才是敘述」，那麼邏輯能討論的範圍很少 (可能只有數學)。如此一來，邏輯也喪失了工具的資格 (因為使用範圍過小)。

邏輯 入門

珍古德 (Jane Goodall, 1934 年～)

珍古德是英國生物學家和著名動物保育人士。她長期致力於黑猩猩的研究，不但揭露了許多人們之前的錯誤認知，也改寫了人類的定義。因為她在黑猩猩上的研究以及環境教育的貢獻，於是在 1995 年榮封為皇家女爵士，並於 2005 年獲頒為聯合國和平使者。

簡而言之，本書力求在「嚴謹」與「實用」之間取得一平衡，不因過分要求嚴謹而喪失實用性，也不貪圖便宜行事而忘了嚴謹與明確。因此，本書的主角「敘述」，是定位為「直述句中，能夠客觀判斷真假的句子」。

例題 1-1

試分別判斷下列直述句何者是敘述？何者不是敘述？若為敘述，並判斷其真假。
(1) 張三最近太瘦了，所以應多吃一點，免得繼續瘦下去。
(2) 臥虎藏龍比斷背山好看。
(3) 李四今天眉頭深鎖，一定是中樂透獎金。
(4) $1 + 2 = 5$。
(5) 2 是有理數。

解 (1) 此直述句雖然涉及張三，但任何人只要多吃，都可以避免繼續瘦下去，所以 (1) 是敘述且此敘述為真。
(2) 涉及主觀判斷，故此種見解因人而異的句子，不是敘述。

(3) 雖然涉及李四，但任何人眉頭深鎖應表示不悅，而中樂透獎金是令人高興的，這與事實不相符，故 (3) 是敘述但是此敘述為假。

(4) 因為 $1+2=3$ 才對，所以 $1+2=5$ 為敘述且此敘述為假。

(5) 因 2 是有理數是事實，故 (5) 為敘述且此敘述為真。

註：針對某實數而言，若該實數可表成分數形式，其中分子為整數，分母為自然數，則我們稱該實數為有理數。

值得注意的是：不論是直述句或敘述，句子內容所要表達的概念一定要清楚，否則很容易因理解錯誤而產生不正確的推理。

例題 1-2

下列括號中的內容很容易讓人產生混亂，試說明其中容易使人誤解之處。

(1) 一對新婚夫妻為防範未然，特別於結婚時簽下一份協議書，其中有一條守則為：「財產與孩子共有。」

(2) 李教授下週要參加「全國性知識管理研討會」並發表演說。

解 (1) 這條守則真正的意思是什麼？是「財產」要和孩子一起分享？還是「財產」及「孩子」都須與妻子共有？

(2) 究竟李教授是要參加全國「性知識」管理研討會？還是全國性「知識管理」研討會？

二、推理簡介

現在，我們要介紹邏輯中一個很重要的主題——推理，所謂**推理 (reasoning)** 就是由已知(或說成前提)導出結論的思維過程。一個正確、恰當的推理結論，必須具備兩個條件：(1) 推理的已知，必須均為真；(2) 推理的過程必須遵守邏輯規則。唯有同時具備這兩個條件，才能確保結論的正確 (見例題 1-3)；否則，不論缺少哪個條件，都有可能推出錯誤的結論(見例題 1-4 與例題 1-5)，當然也有可能推出正確的結論(見例題 1-6)，也就是說：缺少任何一個條件，都無法保證結論的正確性。

例題 1-3

若已知：
(1) 人皆會死。
(2) 大雄是人。
請問是否可推得結論：大雄會死。

解 是。其中 (1) 與 (2) 的敘述均為真，經由邏輯規則(可利用第八章的三段式論法)推理得到結論「大雄會死」必為真。

例題 1-4

在 SARS (非典型肺炎) 肆虐台灣期間，政府以耳溫 37.5℃為標準，要求民眾每日量耳溫三次，且耳溫高於此數者，請停止上班上課。小花說：「這代表若耳溫高於37.5℃，則得了 SARS。而我沒得 SARS，表示我耳溫一定不高於 37.5℃。」小明說：「若得 SARS，則很容易傳染給別人。

我沒得 SARS，所以，我不具傳染性。」請問小花與小明的言論是否正確？

解 先看小花的說法：

前提 1：若耳溫高於 37.5°C，則得 SARS。
前提 2：我沒得 SARS。
結論：我耳溫不高於 37.5°C

這是合乎邏輯規則的推理，但此結論並不正確。因為前提 1 不是正確的敘述，耳溫高於 37.5°C，不見得是得到 SARS，有可能是感冒或發炎等。此外，SARS 在發病之初也不會發燒，只是那時還未具傳染力。

再看小明的說法：

前提 1：若得 SARS，則很容易傳染給別人。
前提 2：我沒得 SARS。
結論：我不具傳染性。

這是不合乎邏輯規則的推理，雖然前提 1 與前提 2 為真，其推理結果仍為假。因為不是只有 SARS 才會傳染，例如：肺結核、流行性感冒、B 型肝炎…等，都會傳染，因此，沒得 SARS，不代表不具傳染性。

例題 1-5

就下列前提，說明可推得什麼結論？
前提 1：服務學院的學生口才都很好。
前提 2：陳小美是服務學院的學生。

邏輯 入門

解 由前提 1 與 2 經由邏輯規則推理後，得到的結論為：陳小美口才很好。但是前提 1：「服務學院的學生口才都很好。」這內容並不符合實際的狀況，故無法保證結論為真。

例題 1-6

就下列前提，說明可推得什麼結論？
前提 1：棒球選手王建民是法國人。
前提 2：法國人是亞洲人。

解 由前提 1 與前提 2 推理後所得到的結論為：「棒球選手王建民是亞洲人。」此例題旨在說明：在前提為假的情況下，也有可能推得結論為真。

接下來，我們利用介紹幾個邏輯思考的例題來為大家做個暖身操，不過我們僅列簡單答案，至於其理論，可於本書第二章至第八章找出其緣由，在此不詳細說明。而第九章，本就可獨立觀之，內有多種類型之推理謎題，有興趣的同學可先一睹為快。

例題 1-7

試問 x 與 $3x$ 兩個數比較，何者比較大？

解 分別令 x 之值為：負數、0 與正數，即可發現 x 與 $3x$ 兩數之大小關係會因 x 之值而異，所以本題的答案為「不一定」。同學不要拘泥於 x 與 $3x$ 之型式，而誤判 x 比 $3x$ 小。

例題 1-8

台灣職棒比賽中，興農牛打贏兄弟象，兄弟象打贏統一獅，那麼興農牛是否一定打贏統一獅？

解 否。因為在各種球賽中，我們常發現「一物剋一物」，所以，難以保證興農牛打贏統一獅。

例題 1-9

英文老師說：「如果英文期末考不及格，則英文學期成績就別想及格。」請問若英文期末考及格，則英文學期成績就一定及格嗎？

解 否。我們無法在「如果英文期末考不及格，則英文學期成績不及格」的前提下，由已知：「英文期末考及格」推導出任何結論。

例題 1-10

在敘述「若 $x+y=2$，則 $x-y \neq 4$。」是錯的情況下，則 x^2+y^2 為何？

解 因敘述「若 $x+y=2$，則 $x-y \neq 4$。」是錯的，這表示 $x+y=2$ 且 $x-y=4$。所以解聯立方程式可得 $x=3$，$y=-1$，故 $x^2+y^2=10$。

例題 1-11

試問下面的推理是否正確？
開心果脆脆的很香很好吃，小明是家裡的開心果，所以小明很香很好吃。

解 否。因為在原敘述中，前後兩個「開心果」同字異義。

例題 1-12

求 $3 + 6 + 9 + 12 + \cdots + 93 + 96 + 99 + 102$ 之值。

解 1785。

例題 1-13

在一宗武林火拼的風暴中，涉及崑崙、武當與華山三派。武林外史記：(1) 三個幫派中至少有兩個幫派涉入；(2) 如果崑崙和武當有涉入，華山也有涉入；(3) 如果武當和華山有涉入，崑崙也有涉入。

欽差大臣則說：(1) 三個幫派中至少有一派沒涉入；(2) 如果崑崙和武當沒涉入，華山也沒涉入；(3) 如果武當和華山沒涉入，崑崙也沒涉入。

若武林外史及欽差大臣所講的話都正確，那麼三個幫派到底誰涉入？誰沒涉入？

解 武當沒涉入，崑崙和華山有涉入。

習 題

1. 分別判斷下列直述句，何者是敘述？何者不是敘述？若為敘述，並判斷其真假。

    (1) 現在烏雲密佈，看起來快下雨了。

    (2) 等腰三角形必有兩角相等。

    (3) 西元 2008 年是閏年。

    (4) 愛情比麵包重要。

    (5) 住在台灣的人，一定會說閩南話。

    (6) 現任美國總統是柯林頓。

    (7) 數學比英文簡單。

    (8) 李四最近很容易想不開，可能得了憂鬱症。

    (9) 業者為了美觀，加入漂白水 (二氧化硫) 來漂白豆芽菜，應該鼓勵。

    (10) 0 是自然數。

    (11) $2 + 5 = 8$。

    (12) 小明生病了，所以一定會發燒。

2. 某校共有 10 班，各班有 40 個學生，每一班都至少有一個學生戴眼鏡。在以下的五個敘述中，何者為真？

    (1) 某班全體學生都戴眼鏡。

    (2) 每班都有不戴眼鏡的學生。

    (3) 至少有一班學生都不戴眼鏡。

    (4) 全校至少有 10 個學生戴眼鏡。

    (5) 對每一學生而言，在同班的 39 位同學中，至少有一位是戴眼鏡的。

3. 下列兩個規定是否有誤？若有誤，請說明其錯誤之處。

   (1) 某校規定：沒有帶學生證和工作證的人，不得進入校園。

   (2) 某校學生守則規定：上一學期休學者，若下一學期未辦理復學或未辦理繼續休學者，一律退學。

4. 某校圖書館規定：穿拖鞋者不得入內。請問這樣的規定有何漏洞？

第二章　定　義

在數學與邏輯世界中,「定義」占有舉足輕重的地位。接下來,讓我們介紹「定義」是什麼?

一、定　義

我們通常利用**定義 (definition)** 來描述、解釋或說明一字詞或一概念。定義是人自己訂定出來的,它是一種用來規範欲介紹之字詞的敘述,也可以說是一種規定,並不是推理得來的結論。定義和定理(由推論或證明所得)本質上截然不同。例如:我們在數學中常聽到的六個三角函數 $f_1(x) = \sin x$,$f_2(x) = \cos x$,$f_3(x) = \tan x$,$f_4(x) = \cot x$,$f_5(x) = \sec x$,$f_6(x) = \csc x$,每一個都是規定出來的,不是經由推理或證明所得的結論,所以它們是定義不是定理;但三個三角恆等式 $\sin^2 x + \cos^2 x = 1$,$1 + \tan^2 x = \sec^2 x$,$1 + \cot^2 x = \csc^2 x$,則是根據三角函數的定義證明所得的結論,因此這三個三角恆等式是定理不是定義。簡而言之,定義是人自己訂定出來的,而定理是證明出來的。

雖然定義是人自己訂定,但因定義是用來描述一字詞或一概念,所以定義一定要具有明確性與完整性,這樣才不會發生誤解,如例題 2-1 至例題 2-4 就是明確完整的定義。

例題 2-1

「以西元曆法來看，母親節就是每年五月份的第二個星期日。」這給「母親節」一個明確完整的定義。

例題 2-2

「當考試滿分為 100 分時，一般而言，及格就表示該次考試成績不低於 60 分。」這給「及格」一個明確完整的定義。

註：研究所的「及格」表示該次考試成績不低於 70 分。

例題 2-3

動物有冷血動物 (或稱變溫動物) 與溫血動物 (或稱恆溫動物) 之分。所謂冷血動物是體溫會隨氣溫變化而改變的動物，例如：蛇、青蛙、烏龜等。而所謂溫血動物的定義是體溫不受大自然變化而改變的動物，例如：人、鳥、貓、狗等。這給「冷血動物」與「溫血動物」明確完整的定義。

例題 2-4

大家都知道：石子朝斜上方拋，所經過的路徑是一條拋物線，那麼到底什麼是拋物線呢？請寫出拋物線的定義。

解 數學上，將拋物線定義為：設 L 是一條固定直線 (稱為準線)，F 是不在 L 上的一個定點 (稱為焦點)，則在包含 L 與 F 的平面上，至 F 與 L 等距離的所有點所成的圖形，稱為拋物線。

第二章　定　義

不論是個人的思考或人與人之間彼此的交談，我們常會以自己主觀的理解、印象去判讀一些字詞或概念，於是造成認知錯誤、行為無所適從之情事發生。因此，適時地給一些字詞或概念下定義，是有其實際上的需要，下面我們利用例題 2-5 與例題 2-6 來介紹定義的重要性。

但是，過與不及均不好，定義中的描述雖要明確，但也不必弄得任何字詞、概念均須說的太過一清二楚。比方說：有些字詞 (例如：點、線、面等)、概念 (例如：人、植物等) 不必特別解釋就已經很清楚了，再詳加說明，反而容易發生矯枉過正，如例題 2-8 就是在描述上太過精確，反而變成過於吹毛求疵。

例題 2-5

相傳春秋時代，齊桓公為了廣攬群賢，曾貼出「招賢榜」以納賢士，可是貼了快一年，都沒人來應徵。有一天，一位書生樣的先生來到招賢館應徵，經由守門士兵通報後，齊桓公欣喜地親自到門口迎接這位先生。

齊桓公說：「你有何才能？」

那位先生開口就背誦：「九九八十一，九八七十二，九七六十三，……，二二得四。」一口氣把九九表 (即現在九九乘法表。但在古代，乘法口訣是由高位數背到低位數，又稱為九九歌) 背完。因為當時很多人都會背九九表，因此，齊桓公和周圍的士兵都捧腹大笑，認為此人未免太自大。

齊桓公又問：「你還有其他才能嗎？」

那位先生一臉嚴肅說：「會背九九表確實稱不上有什麼特殊才能，但大王若能對我這個只懂九九表的人以禮相待，那麼才學高明的人能不接踵而來嗎？」

齊桓公想想有道理，點頭說：「你說得很有道理，你就是我招募的第一個賢士。」

請問這位書生樣的先生為何可以無才之能得賢士之禮遇？

邏輯 入門

解 主因齊桓公對「賢士」這個名詞沒有下定義,所以才會出現這種狀況。

齊桓公 (生年不詳～前 643 年)

齊桓公是春秋時代齊國(在現今山東省)第十五位國君,又名小白。他在名相管仲的輔佐下,富國強兵,為春秋五霸之一。只可惜晚年昏庸,任用小人,最後在內亂中餓死,身死不葬。

例題 2-6

張老師有些獎品想送給班上表現好的學生,於是,他對全班說:「這次月考,數學考得好的同學,請到講台接受禮物。」請問這句話有什麼問題?

解 因每個人對「數學考得好」的判讀標準不一,所以並無公認的準則。因此,若老師未將「數學考得好」下定義,同學還是不知道誰應該上台去接受老師的禮物。

例題 2-7

某公園前面有一大片草地,草地中有一小道。公園管理部門在草地區入口處掛一個牌,牌上寫著:「禁入草地內,違者罰款 1000 元。」一天,一對夫婦帶著一個小男孩到草地區遊玩,父親囑咐孩子說:「你只能在這小道上玩,不要跑進草地裡面。」當他們剛走了約十米遠,有個管理員追上來問:「你們沒看到牌上的字?」「看到了。」「為什麼還

第二章 定義

進來？」「我們並沒有到草地內。」管理人員說他們明知故犯，一定要罰款。而男子則說：「禁入草地內，就是不准到草地裡面去，我們是走在草地與草地之間的小道上，又沒走到草地裡面去，憑什麼罰款？」於是，爭吵起來，引來許多人圍觀。

請問你可用邏輯的觀點，想出一個大家都可接受的方案嗎？

解 爭吵的原因在「草地內」這個名詞的理解不同，管理員認爲「草地內」是指整個草地區域，而這位先生理解爲草地裡面。不過，「草地內」和「草地區」的定義不同，應不至於混淆。「草地區」是指包括草地間小道在內的整個區域；而「草地內」則是指這個區域內長有草的地方。若將「草地內」改爲「草地區」，當遊客走到這裡一看「禁入草地區」，自然就會止步，不會發生誤會了。

例題 2-8

話說有三個英格蘭的數學家同遊蘇格蘭高地。赫然，一頭黑羊緩步走過他們面前。第一位數學家說：「原來蘇格蘭的羊是黑的，不像我們英格蘭原生物種的羊是白的。」第二位數學家旋即接口：「你說的不夠精確，應改成——在蘇格蘭高地漫步的羊中，至少有一頭是黑的。」未料，第三位數學家又接著說：「這樣還是不夠精確，應改爲——在蘇格蘭高地漫步的羊中，至少有一頭羊其身體的一個側面是黑的。」

請問這三位英格蘭數學家對此事件的描述，哪一個最恰當？

解 第二位數學家的描述最恰當。因為第一位數學家的描述，顯然不夠精確，且有以偏概全的毛病；而第三位數學家雖然號稱是最精確，但卻太過了。在我們的認知中，羊不會一面全黑而另一面是別的顏色。事實上，羊的身體兩側若為不同的顏色(如一黑一白)也違反生物演化的原則。至於第二位數學家既不會以偏概全，也不會矯枉過正，是最恰當的描述。

接下來，我們舉例說明定義的明確與完整之重要性。

例題 2-9

老李替兒子小華請了一位數學家教老師，一個月過去了，老李問家教老師：「我的孩子學習得如何？」家教老師回答說：「不錯。」老李說：「不錯，是什麼意思？」家教老師說：「就是有收穫。」可是，老李還是不清楚小華學習得如何。請問為什麼？

解 老師雖然描述了「不錯」，但此一描述並不明確，嚴格來說並不能算是定義，所以還是讓老李弄不清楚小華到底學習得如何。當時，若數學家教老師能把握定義必須明確的原則，例如：「不錯」就是這次學校考試數學考 80 分(含)以上，不但定義明確，老李也能清楚小華的學習狀況。

例題 2-10

中國水墨動畫《小蝌蚪找媽媽》影片中描寫一群小蝌蚪的尋母記。影片中，小蝌蚪們結伴一起找媽媽，先向蝦公公詢問線索。蝦公公告訴他們：「你們的媽媽眼睛圓鼓鼓。」這群小蝌蚪找到了金魚，親切地叫她：「媽媽！媽媽！」金魚鼓著鰓幫子笑著說：「錯！你們的媽媽有個白肚皮。」小蝌蚪找到肚子白白的螃蟹，又高興的叫媽媽。但螃蟹說：「錯啦！你們的媽媽有四條腿。」小蝌蚪找到了烏龜，只見小烏龜告訴小蝌蚪：「孩子應該長得像媽媽，她是我媽媽，不是你們的媽媽。」最後，小蝌蚪們決定不管別人的提示，按照自己大大腦袋、尖尖的尾巴，找到了一條娃娃魚認媽媽。

你能用邏輯的觀點，來說明小蝌蚪們為什麼一直找錯媽媽嗎？

解 小蝌蚪們之所以一直找錯媽媽，是因為他們沒有掌握他們的媽媽(青蛙)的定義，因為大家描述不完整，所以就一直找不到媽媽了。

例題 2-11

從前有一位商人牽著一頭大象進城，走到一個大廣場前，大家好奇地圍觀，這時四個瞎子正好也走到廣場前，一聽到有「大象」，十分好奇大象的長相，於是，便開始用他們的「手」看大象。

第一個瞎子摸到大象的牙齒，說：「喔！原來大象長得像長長的大蘿蔔。」

第二個瞎子摸到大象的肚子，說：「不，你說錯了，大象長得像一面牆才對！」

第三個瞎子摸到大象的尾巴，說：「大象長得明明像一條繩子。」

第四個瞎子摸到大象的大腿，說：「不對！你們都說錯，大象長得像根大柱子。」

你能用邏輯的眼光說明瞎子的謬誤嗎？

解 這是著名的瞎子摸象故事，每個瞎子的敘述都不正確，這是因為他們的描述都只是大象的一部分，而不是全部。本題旨在說明定義力求完整，以避免誤解。

二、語詞與概念

在日常生活中，我們常利用語詞來做描述。有時是以不同語詞來描述一個概念，而有時以同一語詞描述不同概念。因此，在進行邏輯思考時，我們要特別注意以上這兩種情形，以免發生定義的誤解。

例題 2-12

一次招待客人的宴會上，豐盛的佳餚中有一道佛跳牆，湯裡有鵪鶉蛋。有位客人看看潔白、光滑、滾圓的蛋，就問：「這是什麼？」但是這位客人只會聽閩南話，而主人又不會說鵪鶉蛋的閩南話。請問：如果你是主人，你要如何向客人解釋？

解「在夜市賣的那種能吃的鳥蛋。」這個例子就是利用不同語詞來描述同一概念。

例題 2-13

從前有一個人,把錢看得比生命重要,於是,大家都叫他守財奴。有一天,守財奴和他幾位朋友一起去河邊散步,一不小心,守財奴竟掉進河裡,偏偏他又不會游泳,於是,有一位朋友說:「來,快把你的手給我,我救你上來。」未料,守財奴一直不肯把手伸出來。眼看守財奴已快滅頂了,另一位朋友急中生智,換了一種說法,守財奴馬上用手拉住那位朋友,因此得救。請問那位機智的朋友對守財奴說了什麼?

解 他說:「把我的手拿去,我拉你上來!」。本例旨在利用不同語詞描述同一個概念,故事中兩位朋友的目的都一樣,均想營救守財奴,希望守財奴把手伸出來。但守財奴喜歡用「拿去」這詞,卻不願用「給我」這詞,真是名副其實的守財奴啊!

例題 2-14

有一天,小陳帶孩子小明到五指山去玩,到了山裡,小明到處亂跑。小陳怕小明發生危險,就嚇唬孩子說:「這個地方有鬼,咱們快回去。」

小明聽了,笑著說:「我才不怕鬼呢!你忘了,隔壁的叔叔阿姨都說你是菸鬼,媽媽罵我是愛哭鬼,外婆罵外公是賭鬼,媽媽罵你是死鬼,你罵媽媽是懶鬼,我們全家都是鬼,鬼有什麼好怕?」

請用邏輯的觀點,說明小明誤解小陳的原因。

解 很顯然,小陳說的「鬼」與小明說的「鬼」,詞是相同的,但涵義卻大不相同。

例題 2-15

據說周恩來生前有一次與夫人鄧穎超接見外賓，陪同的翻譯人員向客人介紹鄧穎超，稱她是周恩來的「愛人」時，直譯成 lover (愛人、情人)。事後，周恩來對翻譯人員頗有微詞，你猜得到原因嗎？

解　「愛人」(lover) 這一詞，在中國和西方是表示兩個不同的概念，在中國指的是已婚的配偶，而在西方國家則是指未婚的女朋友或情人。雖然語詞形式相同，概念內容卻不同。

例題 2-16

某日，張三與李四閒話家常。張三說：「你知道嗎？王五是閩人。」李四說：「但他的換帖好友陳六是個客人。」張三：「陳六什麼時候到你家去作客？」李四說：「張三，你弄錯了，我是說陳六是客家人。」請問張三為什麼會誤會李四的意思？

解　因「客人」有兩種不同的意思，所以，張三才會誤會李四。

　　因語詞而發生誤解的情形，不只發生於文字方面，有時人們也會因為數學符號之形式，而產生誤會，如下例所示。

第二章　定　義

例題 2-17

老師在上數學課時，向學生提了一個問題：「x 與 $-x$ 這兩個數比較，哪個大？」小強稍加思索站起來回答說：「當然 x 大，因為 x 是正數，$-x$ 是負數。正數當然比負數大。」請問小強的回答是否正確？

解 當然錯誤。因為老師沒說 x 是正數，如果 x 是負數，x 就小於 $-x$；還有，如果 x 是零時，x 就等於 $-x$ 了。小強是被 x 的正、負形式所誤導，誤認 x 是正數。

從例題 2-17 與第一章的例題 1-7，我們發現有異曲同工之妙。

人們在使用不同語詞表達同一個概念時，常會夾帶個人情緒，其中有些語詞讓人聽了心情愉悅，但有些話卻讓人聽了十分不舒服，像這一類帶有情緒成分的語詞，我們把它叫做**情緒語詞**，又稱**著色語詞**。情緒語詞可分為正面的(褒獎)與負面的(貶責)兩種。例如：同樣是想表達堅持原則，正面的說法是「擇善固執」，負面的說法是「墨守成規」。又如：同樣是想表達仔細觀察周圍情勢，正面的說法是「察言觀色」，負面的說法是「賊頭賊腦」。再例如：說自己是節省，說別人則是小氣；說自己是大方，卻說別人是揮霍。甚至像有的球評認為「王建民在球場上表現冷靜」，但有的球評則認為「王建民在球場上太過無趣」，也是反映出該球評是否欣賞王建民的情緒語詞。

邏輯入門

例題 2-18

某週刊踢爆：甲立委外遇對象是女明星乙，於是，外界批評聲不斷，甲立委卻不顧大家的反對，直稱女明星乙是上天送給他最好的禮物。沒想到，數個月之後，甲立委與女明星乙，卻因為某些因素而形同陌路，此時，媒體訪問甲立委，甲立委卻說：女明星乙是他一生中的爛桃花。請問：為何甲立委對同一個人的描述，前後竟有如此大的差距？

解 因為甲立委加入自己的情緒、感覺來描述一個人，也就是情緒語詞。

因此，在平時交談或學術研究中，必須準確、具體了解某個語詞所表達的內容，才能達到溝通的目的。還有值得注意的是：有時候同樣的字，加入不同的標點符號之後，代表的涵義完全不同，所以標點符號的重要性是不能漠視的。

例題 2-19

試比較下面兩句話之差異。
(1) 月底盤點，停止營業一天。
(2) 月底盤點停止，營業一天。

解 第一句是說：適逢月底盤點，故休息一天。第二句則表示：月底盤點已經停止，因此繼續營業不休息。這兩句話文字完全一樣，但因標點符號之位置不同，意義完全不一樣。

例題 2-20

某年暑假，某校高材碩士生上網登了一則廣告：「援交，開玩笑勿試。」於是被檢察官起訴。當法官問這位學生時，這位學生表明是標點符號不小心打錯了，因此法官判他無罪釋放。你能猜到他如何說服法官的嗎？

解 他表示原意應為「援交、開玩笑勿試」，代表想援交及開玩笑者都不要來應試。這和誤打的「援交，開玩笑勿試」(表示想援交，若是開玩笑者請勿來應試) 意思就完全不同。

三、定義的原則

定義中的描述，為了避免模糊不清及不完整的現象，當我們為一個字詞或一個概念下定義時，應儘量遵守下列幾個原則：(1) 不要循環；(2) 不要過寬或過窄；(3) 不可以籠統抽象；(4) 避免從相反的語詞來界定；(5) 避免情緒性的字眼。不過，有時候也難免會觸犯其中的原則，但只要能明確、完整，還是可以當成定義。例如：「某實數是無理數」的定義就是該實數不是有理數，雖然此一說法是利用相反的語詞來定義，但因為具有明確性與完整性，還是被公認為一個定義。為了方便學生 (尤其是中、小學生) 理解起見，有人也把「某實數是無理數」定義為該實數是具有不循環特性的無限小數，而此定義也具明確性與完整性，所以也是定義。也就是說，針對「某實數是無理數」此一概念，有兩個看似不同卻實則相通的定義。由此亦知：一個字詞或一個概念的定義不是唯一，只要能具備明確性與完整性即可。

例題 2-21

若將「數學」定義為研究數學的科學，請問是否合適？若不合適，為什麼？

解 不合適。因為最好不要循環，定義旨在明確描述出所要定義的事物或概念，「研究數學的科學」，並沒有達到幫助吾人了解「數學」的目的，如此這種描述只是在玩弄文字遊戲，不能稱為定義。

例題 2-22

若將「汽車」定義為在馬路上剛好擁有四個輪胎的交通工具，請問是否合適？若不合適，為什麼？

解 不合適。因為最好不要過寬或過窄。事實上，在馬路上擁有四個輪胎的交通工具很多，例如：有輔助輪的腳踏車，雖然是擁有四個輪胎的交通工具，但明顯不是汽車；而且很多公共汽車，雖然也是汽車，但不只四個輪胎，因此過寬或過窄的描述都無法當成定義。

例題 2-23

若將「人生」定義為充滿挫折與磨鍊的過程，請問是否合適？若不合適，為什麼？

解 不合適。因為太籠統抽象的語詞，不同的人往往有不同的解讀，難以達到公認的標準，自然也就不能成為定義。

第二章　定　義

例題 2-24

若將「蠟筆」定義為不是寫字的筆，請問是否合適？若不合適，為什麼？

解 不合適。因為最好避免從相反的語詞來定義。不是寫字的筆很多，例如：水彩筆、彩色筆等，所以不是寫字的筆無法當成蠟筆的定義。

例題 2-25

若將「結婚證書」定義為婚姻的痛苦枷鎖，請問是否合適？若不合適，為什麼？

解 不合適。因為要避免情緒性的字眼。情緒性的字眼，不同的人往往有不同的解讀，難以達到公認的標準，自然不是定義。以本題為例，我們無法排除恩愛的夫妻認為結婚證書不是婚姻的痛苦枷鎖。

邏輯入門

習　題

1. 請為下列各名詞下一適當的定義。

(1) 丈母娘

(2) 四書

(3) 圓。

2. 若 a、b 均為實數，則下列敘述是否有誤？若敘述有誤，並請更正之。

(1) $|a|+|b|=|a+b|$

(2) $a \leq 5a$

(3) $|a-b|<|a+b|$

(4) $\left|\dfrac{b}{a}\right|=\dfrac{|b|}{|a|}$

(5) $|ab|=|a||b|$。

3. 試舉一例說明利用不同的正、反面情緒語詞來描述同一件事。

4. 試舉一例說明利用不同語詞來表達同一概念。

5. 試舉一例說明利用同一語詞卻表達不同概念。

6. 請將「下雨天留客天留人不留」加入適當的標點符號，使之分別代表

(1) 主人拒絕客人投宿的心情。

(2) 客人想要主人留宿的心情。

7. 媽媽問小華：「考試準備得如何？」小華回答四個字：「我看完了。」現在，請將小華的回答加入適當標點符號，使之呈現完全不同的涵義。

8. 試將「喝口水」三個字，加入適當標點符號，使之呈現不同的涵義。

9. 若將各字詞定義如下，請問是否妥當？若不妥者，並說明不妥之原因。

(1) 將「宗教」定義為人民的營養劑。

(2) 將「壞學生」定義為表現壞的學生。

(3) 將「平面」定義為非空間。

(4) 將「蛇」定義為爬蟲類動物。

(5) 將「離婚」定義為快樂的開始。

(6) 將「直角三角形」定義為有兩邊互相垂直的三角形。

(7) 將「生物學」定義為研究生物的科學。

(8) 將「月球」定義為不是太陽的行星。

(9) 將「鸚鵡」定義為二隻腳的鳥類。

(10) 將「偶數」定義為 2 的倍數。

(11) 將「狗」定義為哺乳類動物。

(12) 將「氧氣」定義為不是二氧化碳的氣體。

10. 暑假剛結束，老師問同學：「暑假時，你們什麼時候起床？」小畢說：「當第一道陽光照進我窗戶時，我就起床了。」老師說：「那就很早起床了。」小畢說：「不，我的窗戶是朝西的。」請問為什麼老師的認知答案與小畢要表達的意思有這麼大距離？

11. 我們經常利用語言玩文字遊戲，製造樂趣，如雙關語、歇後語、順口溜、猜謎等，雖難登大雅之堂，但卻饒富趣味。例如：賢慧：「閒閒在家，什麼都不會」；可愛：「可憐沒人愛」；畢卡索：「閉著眼睛

畢卡索 (Pablo Picasso, 1881～1973 年)

畢卡索是西班牙畫家及雕塑家，更是二十世紀現代藝術的主要代表人物之一，也是少數在生前就能名利雙收的藝術家。其遺作數量高達二萬多件，包括油畫、雕塑、陶瓷等。2004 年，畢卡索早期的作品《拿煙斗的小孩》以 1.5 億美元的價格被買走，刷新了 1990 年梵谷畫作 8250 萬美元的紀錄。

邏輯入門

卡在廁所」；第十一本書 (猜一成語)，答案是「不可思議」 (BOOK 11)。現在，請再列舉三個。

12. 請在數字 1、2、3、4、5、6、7、8、9 之間任意加入「加號」、「減號」分隔，使之運算後結果為 100。(注意：數字順序不可更動，答案有很多組。)

例如：$12 + 3 - 4 + 5 + 67 + 8 + 9 = 100$。

第三章 敘述

本章將對邏輯中的主角「敘述」作一較深入的介紹。首先，我們將敘述分類，然後再介紹否定句與同義句，最後介紹關係判斷。

一、敘述的種類

一般可將敘述分為：簡單敘述與複合敘述兩種。

所謂**簡單敘述**就是可直接判斷真假的敘述，也是最簡單的一種敘述。

複合敘述又分成聯言敘述、選言敘述與假言敘述。其中**聯言敘述**利用「且」、「和」、「及」、「既…，又…」等做連接詞，原敘述可分成若干個簡單敘述，但必須所有的簡單敘述均為真，其原敘述(指聯言敘述)才為真；只要其中一個簡單敘述為假，其原敘述(指聯言敘述)就為假。而**選言敘述**則利用「或」、「可能」、「要嘛」、「不是…，就是…」做連接詞，原敘述可分成若干個簡單敘述，而只要其中一個簡單敘述為真，其原敘述(指選言敘述)就為真；所有的簡單敘述均為假，其原敘述(指選言敘述)才為假。例如：「呂秀蓮是一位女性且當過中華民國副總統。」是一個真的聯言敘述；「某甲是一個男生或是一個女生。」也是一個真的選言敘述(因兩者必有一者成

立);「太陽從東邊升起且太陽從東邊下山。」是假的聯言敘述;「太陽從西邊升起或每個人都會長生不老。」是假的選言敘述(因為組成這個選言敘述的兩個簡單敘述都是假的)。

所謂**假言敘述**即是一般的條件敘述,通常會以「若…,則…」「如果…,則…」或「只要…,就…」等形式出現,但不論以何種形式出現,均可改寫成「若…,則…」的形式。我們利用「若…,則…」將原假言敘述分成兩個敘述時,稱「若」後面到「則」之前的敘述為此假言敘述的**前件**,稱「則」後面的敘述為此假言敘述的**後件**。那麼判斷此假言敘述之真假規則為:當前件為真且後件為假時,此假言敘述為假;而其餘情況,此假言敘述均為真。例如:假言敘述「若太陽從東邊升起,則每個人都會長生不老。」的前件是「太陽從東邊升起」,而「每個人都會長生不老」是後件,此假言敘述之前件為真且後件為假,所以是一個假的假言敘述。又如:「若太陽從西邊升起,則每個人都會死。」的前件是「太陽從西邊升起」,而「每個人都會死」是後件,此假言敘述之前件為假,後件為真,所以是一個真的假言敘述。再例如:「若太陽從西邊升起,則每個人都會長生不老。」的前件是「太陽從西邊升起」,而「每個人都會長生不老」是後件,因為假言敘述之前件與後件均為假,所以也是一個真的假言敘述。

值得注意的是:假言敘述不見得有因果關係,因此,不要把「若…,則…」的形式更改成「因為…,所以…」。例如剛才的:「若太陽從西邊升起,則每個人都會死。」就不能更改成「因為太陽從西邊升起,所以每個人都會死。」

第三章 敘述

例題 3-1

試說明敘述「2＞1」屬於何種類型，並判斷此敘述之真假。

解　「2＞1」是簡單敘述。顯而易見，此敘述為真。

例題 3-2

試說明敘述「今天有邏輯課及英文課。」屬於何種類型，並分析此敘述之涵義。

解　「今天有邏輯課及英文課」是複合敘述之聯言敘述。這句話表示今天有邏輯課，而且也有英文課。

例題 3-3

愛因斯坦說：「$A = x + y + z$，其中 A 代表成功，x 代表勞動，y 代表適當的方法，z 代表少說廢話。」試判斷這裡的「＋」是代表「或」還是「且」？也就是說，這句話應屬於聯言敘述還是選言敘述？

解　這裡「＋」代表「且」之意，所以它是複合敘述之聯言敘述。

例題 3-4

試說明敘述「小文她今天買了蘋果或葡萄。」屬於何種類型，並分析此敘述之涵義。

邏輯 入門

愛因斯坦 (Albert Einstein, 1879～1955 年)

愛因斯坦是史上兩大物理學家之一 (另一位是牛頓)、最著名的理論物理學家，也是相對論的創立者。1905 年他發表了四篇劃時代的論文，並導出著名的公式 $E = mc^2$，正因如此，1905 年又名「愛因斯坦奇蹟年」。1921 年獲諾貝爾物理獎，得獎原因是光電效應而不是最重大的成就相對論。他曾大力促成以色列建國，以色列亦曾先後兩次邀請愛因斯坦擔任開國總統與第二任總統，但都遭他婉拒。愛因斯坦去世前幾天，與羅素 (於第七章介紹) 共同簽署宣言，促使大家重視科學與和平，禁止核試驗與核武鬥爭。以色列為了紀念他，特別將其頭像印於 1968 年發行的以色列紙幣上。

解「小文她今天買了蘋果或葡萄」是複合敘述之選言敘述。這句話表示蘋果或葡萄，小文今天至少買一種 (注意：也有可能兩種都買，但不可能兩種都不買)。

例題 3-5

試說明敘述「小文是小麗的姊姊或妹妹。」屬於何種類型，並分析此敘述之涵義。

解「小文是小麗的姊姊或妹妹」是複合敘述之選言敘述。這句話表示小文是小麗的姊姊或者小文是小麗的妹妹，只有一種情況成立，此例題與例題 3-4 之涵義不完全相同，所以一定要弄清楚。

例題 3-6

請將「除非天氣放晴，否則我們不去陽明山郊遊。」之句型改為「若…，則…」。

解 原句等同於「唯有天氣放晴，我們才去陽明山郊遊。」所以應改為「若我們去陽明山郊遊，則表示天氣放晴。」其中「我們去陽明山郊遊」是前件，「天氣放晴」是後件。

例題 3-7

試說明敘述「如果今天有帶傘，就不會淋雨了。」屬於何種類型？並分析何者是前件？何者是後件？

解 此敘述為複合敘述之假言敘述，其中「今天有帶傘」是前件，「不會淋雨了」是後件。

例題 3-8

試說明敘述「若 $\triangle ABC$ 為直角三角形，則 $\triangle ABC$ 有兩邊互相垂直。」屬於何種類型？並分析何者為前件？何者為後件？

解 此敘述為複合敘述之假言敘述，其中「$\triangle ABC$ 為直角三角形」是前件，「$\triangle ABC$ 兩邊互相垂直」是後件。

邏輯 入門

例題 3-9

試判斷下列敘述屬於何種類型。
(1) $x > 0$ 且 $y > 0$。
(2) 如果我這次期中考微積分及格，爸媽就會送我一部機車。
(3) 3 是整數。
(4) 晚上我們將會去看電影或去 KTV 唱歌。
(5) 若你持續的感化他，則他總有一天會改邪歸正。

解 簡單敘述有：(3)。
　　聯言敘述有：(1)。
　　選言敘述有：(4)。
　　假言敘述有：(2)，(5)。

例題 3-10

試說明敘述「牛頓是物理學家及數學家。」屬於何種類型，並判斷此敘述是否為真？

解 此敘述為聯言敘述。因牛頓是物理學家也是數學家，故此敘述為真。

例題 3-11

試說明敘述「牛頓是數學家或是音樂家。」屬於何種類型，並判斷此敘述是否為真？

解 此敘述為選言敘述。雖然牛頓不是音樂家，但因牛頓是數學家，故此敘述為真。

牛頓 (Sir Isaac Newton, 1643～1727 年)

牛頓是英國數學家及物理學家，也是史上兩大物理學家之一 (另一人是愛因斯坦)。在數學上，他與萊布尼茲各自獨立創立了微積分；在物理上，他提出的古典力學，其重要性無以復加，至於著名的萬有引力定律，則將天上的運動與地上的運動一以貫之，總之，他的研究成果實在是不勝枚舉。生平也頗富戲劇性 (包括英國皇家科學院想掩蓋牛頓煉金的往事)，科普書《牛頓——最後的巫師》與《牛頓——科學的第一人》，共上、下二冊，對牛頓有詳盡的介紹。

例題 3-12

試判斷下列敘述之類型，並判斷該敘述是否為真？
(1) 小齊的配偶是男生或女生。
(2) 小陳是一個有家室的單身漢。
(3) 牛或馬是草食動物。
(4) 青蛙是需要冬眠的，而且也是一種恆溫動物。

解 (1) 此為選言敘述。因小齊的配偶不是男生就是女生，有一真即可，故為真。

(2) 此為簡單敘述。有家室與單身漢互相矛盾，此敘述為假。

(3) 此為選言敘述。牛是草食動物，馬也是草食動物，故此敘述當然為真。

(4) 此為聯言敘述。青蛙是需要冬眠的，冬眠的青蛙幾乎不太呼吸，都靠消耗體內脂肪來維持生命，心跳變慢，體溫也下降，當體溫降至2℃～3℃時，還可八天才呼吸一次呢！但是，青蛙是冷血動物，不是恆溫動物，故此敘述為假。

二、否定句

對於簡單敘述，我們只要於合適的地方加一個「不」，即可否定原敘述。但對於複合敘述而言，否定原敘述，並不是那麼簡單。為了方便起見，假設原敘述為 P，則原敘述的否定稱為「非 P」，接下來，我們先舉例題 3-13 來說明簡單敘述的否定句，然後再將常見敘述的否定，分成五種類型並整理介紹，不過，這些類型的否定句之詳細證明需用真值表 (於第七章介紹)，在此先略過。

例題 3-13

想想看，下列幾個簡單敘述之否定句為何？
(1) 妹妹喜歡周節輪。
(2) 李四這次國文考試不及格。
(3) $\sqrt{2}$ 是無理數。
(4) 阿美很美。
(5) 小黑是黑的。

解 (1) 妹妹不喜歡周節輪。
(2) 李四這次國文考試及格。
(3) $\sqrt{2}$ 不是無理數。
(4) 阿美不很美。注意：不很美不代表醜。

(5) 小黑不是黑的。注意：不是黑的不代表白，請和 (4) 比較。

1. 「A 且 B 是 C。」的否定句為：A 或 B 不是 C。

例題 3-14

試問「小丸子和小玉都喜歡數學。」的否定句為何？

解 小丸子或小玉不喜歡數學。這表示以下三種情況都有可能出現：「小丸子不喜歡數學，但小玉喜歡數學。」「小丸子喜歡數學，但小玉不喜歡數學。」或是「小丸子和小玉兩人都不喜歡數學。」

例題 3-15

試問「媽媽和我喜歡熱鬧。」的否定句為何？

解 媽媽或我不喜歡熱鬧。

2. 「A 或 B 是 C。」的否定句為：A 且 B 不是 C。

例題 3-16

試問「英英或美美喜歡去 KTV 唱歌。」的否定句為何？

解 英英和美美兩人都不喜歡去 KTV 唱歌。

邏輯 入門

例題 3-17

試問「我喜歡看韓劇或日劇。」的否定句為何？

解 我不喜歡看韓劇，也不喜歡看日劇。

3. 「若 P，則 Q。」的否定句為：P 且非 Q。

例題 3-18

試問「如果我說謊，則我會遭受天打雷劈。」的否定句為何？

解 我說謊且我不會遭受天打雷劈。

例題 3-19

求已知「若 $x + 2y = 5$，則 $3x - y \neq 8$。」為假，則 $x - 2y$ 等於多少？

解 這表示「$x + 2y = 5$ 且 $3x - y = 8$」，所以 $x = 3$ 且 $y = 1$，因此 $x - 2y = 1$。

4. 「所有 A 都是 B。」的否定句為：至少一個 A 不是 B。

例題 3-20

試問「所有的國文老師都精通古文。」的否定句為何？

解 可能有些同學會說：「並不是所有的國文老師都精通古文。」但這樣的句子比較沒有辦法一眼就看出究竟是

「所有的國文老師都不精通古文。」還是「至少一個國文老師不精通古文。」因此，我們建議應明確寫成其否定句為「至少一個國文老師不精通古文。」

例題 3-21

試問「所有的胖子都愛吃。」的否定句為何？

解 至少一個胖子不愛吃。

5. 「有些 A 是 B。」和「至少有一個 A 是 B。」的否定句為：所有的 A 不是 B。

例題 3-22

試問「有些處女座的人有潔癖。」的否定句為何？

解 所有處女座的人都沒有潔癖。

例題 3-23

試問「至少有一個人不愛國。」的否定句為何？

解 所有人都愛國。

6. 「所有 a 的所有 b，P 均成立」的否定句為：至少有一個 a 的至少有一個 b，使得 P 的否定成立。

例題 3-24

「這次月考全班每一個人的每一門科目都不及格。」的否定句為何？

解 這次月考全班至少有一個人的至少一門科目及格。

7. 「每一個 a 的至少有一個 b，使得 P 成立。」的否定句為：
   至少有一個 a 的每一個 b，使得 P 的否定成立。

例題 3-25

「這次月考全班每一個人至少有一門科目不及格。」的否定句為何？

解 這次月考全班至少有一個人的每一門科目及格。

8. 「至少有一個 a 的每一個 b，使得 P 成立。」的否定句為：
   每一個 a 的至少一個 b，使得 P 之否定成立。

例題 3-26

「這次月考全班至少有一個人的每一門科目都不及格。」的否定句為何？

解 這次月考全班每一個人的至少一門科目及格。

9. 「至少有一個 a 的至少有一個 b，使得 P 成立。」的否定句為：每一個 a 的每一個 b，使得 P 的否定成立。

例題 3-27

「這次月考全班至少有一個人的至少有一門科目不及格。」的否定句為何？

解 這次月考全班每一個人的每一門科目及格。

在此，我們也要提醒大家：因人的天性不喜歡否定句，因此，若遇到雙重否定，不妨將之改為肯定句。

例題 3-28

試問「所有台灣人都不喜歡吃狗肉。」的否定句為何？

解 「所有台灣人都不喜歡吃狗肉。」的否定句應為「至少有一個台灣人不是不喜歡吃狗肉。」注意：「不是不喜歡」為雙重否定，所以，此一否定句可化簡為「至少有一個台灣人喜歡吃狗肉。」

例題 3-29

試問下列幾個敘述的否定句為何？
(1) 這次英文和數學的考試都不容易。
(2) 小英不喜歡黑色與白色。
(3) 小薔和小玲是美人。
(4) 大一的學生必須修習「微積分」或「邏輯思考」。
(5) 若我這次期末考全部科目都及格，則我會參加這次班上舉辦的暑期旅遊。
(6) 數學老師至少有一個身高超過 170 公分。
(7) 巨蟹座的人都很愛買東西。
(8) 明新科大有的學生不會游泳。

解 (1) 這次英文和數學的考試至少一科容易。
(2) 小英喜歡黑色或白色。
(3) 小薔或小玲不是美人。
(4) 至少有一個大一的學生不必修習「微積分」及「邏輯思考」。
(5) 我這次期末考全部科目都及格且我不會參加這次班上舉辦的暑期旅遊。
(6) 所有數學老師身高都沒有超過 170 公分。
(7) 至少有一個巨蟹座的人不愛買東西。
(8) 明新科大所有的學生都會游泳。

三、同義句

所謂**同義句**就是意義相同的句子。接下來，我們要在這裡特別指出假言敘述的同義句。

「若 P，則 Q。」之同義句為：「若非 Q，則非 P。」

因上述同義句之詳細證明須用到真值表(將於第七章介紹)，所以在此我們舉一些實際例子來說明同義句。例如：「若某動物是蜜蜂，則它一定是昆蟲。」等同於「若某動物不是昆蟲，則它一定不是蜜蜂。」又如：「如果我買票，則我永遠退出政壇。」等同於「如果我沒有永遠退出政壇，則我沒有買票。」再例如：「如果我說謊，則我會遭受天打雷劈。」等同於「如果我不會遭受天打雷劈，則我沒有說謊。」而「如果天空有厚重的雲，就會下雨。」就等同於「如果沒有下雨，則表示天空沒有厚重的雲。」不過，若假言敘述的前件或後件為假，則在

第三章 敘述

日常生活中討論此敘述之同義句,實在沒什麼必要,也很沒意義,舉例來說:「若太陽從西邊升起,則每個人都會長生不老。」的同義句為「若每個人不會長生不老,則太陽不從西邊升起。」

例題 3-30

請寫出「如果數學期末考考六十(含)分以上,則數學學期成績就及格。」的同義句與否定句。

解 同義句為:「如果數學學期成績不及格,則數學期末考考六十分以下。」

否定句為:「數學期末考考六十(含)分以上,但是數學學期成績卻不及格。」

例題 3-31

「若我有錢而且健康,則我去旅行」和下列哪一句同義?
(a) 若我有錢,則我去旅行。
(b) 若我不去旅行,則我沒有錢或不健康。
(c) 若我不去旅行,則我沒有錢且不健康。
(d) 若我沒有錢或沒有健康,則我不去旅行。

解 (b)

例題 3-32

下列何者為「有女人的地方就有男人」的同義敘述?
(a) 沒有女人的地方就沒有男人。
(b) 沒有女人的地方就有男人。

(c) 沒有男人的地方就沒有女人。
(d) 沒男人的地方就有女人。

解 原句等同於「若有女人，則有男人」，即「若沒有男人，則沒有女人」，即「沒有男人的地方就沒有女人」，所以選 (c)。

四、關係判斷

所謂**關係判斷**是斷定事情之間是否具有某種關係的判斷，它反映事物與事物之間的某種關係。一般而言，在考慮敘述之間的關係時，我們往往要檢驗敘述之間是否有對稱性與傳遞性。

兩個敘述之間的對稱性不外乎以下三種：對稱關係、反對稱關係與非對稱關係。其中所謂**對稱關係**是「如果甲對乙有某種關係，則乙對甲也有相同的關係。」例如：「文化中心在運動公園的旁邊，則運動公園也在文化中心的旁邊。」「黑色是白色的對比色，則白色也是黑色的對比色。」「他是我的同學，則我也是他的同學。」

反對稱關係是「如果甲對乙有某種關係，則乙對甲就無此種關係。」例如：「他是我的主管，則我絕對不是他的主管。」「爸是媽的老公，則媽絕對不是爸的老公。」

至於**非對稱關係**是「如果甲對乙有某種關係，則乙對甲不一定有此種關係。」例如：「我認識校長，校長卻不一定認識 (即可能認識亦可能不認識) 我。」「我了解他，他卻不一定了解我。」與「我想念他，他卻不一定想念我。」均是非對稱關係。

第三章 敘述

而兩個敘述之間的傳遞性不外乎以下三種：傳遞關係、反傳遞關係與非傳遞關係。其中所謂**傳遞關係**是「如果甲對乙有某種關係，且乙對丙也有此種關係，則甲對丙亦有此一關係。」例如：「以年紀而言，小黃比小陳大，小陳比小林大，則小黃必定比小林大。」「藍鯨比海豚大，且海豚比吳郭魚大，則藍鯨比吳郭魚大。」與「$3 > 2$，$2 > 1$，則 $3 > 1$。」均是傳遞關係。

反傳遞關係是「如果甲對乙有某種關係，乙對丙也有此種關係，則甲對丙絕無此一關係。」例如：「哥哥的體重比我重 3 公斤，我的體重又比妹妹重 3 公斤，則哥哥的體重比妹妹重不是 3 公斤。」「甲是乙的女兒，乙又是丙的女兒，則甲一定不是丙的女兒。」與「田利大陳展三歲，陳展又大張英三歲，則田利絕不是大張英三歲。」均是反傳遞關係。

非傳遞關係則是「如果甲對乙有某種關係，乙對丙也有此種關係，則甲對丙不一定有此一關係。」例如：「甲國跟乙國有結盟，乙國跟丙國也有結盟，則甲國與丙國不一定有結盟。」「甲是乙的乾姐，乙又是丙的乾姐，則甲不一定是丙的乾姐。」「甲是乙的朋友，而且乙是丙的朋友，則甲不一定是丙的朋友。」均是非傳遞關係。

例題 3-33

明人馮夢龍在《古今譚概》中有一則「王元澤」的故事，內容敘述王元澤還小的時候，有一次，有位客人用一個大木籠，裝著一隻鹿和一隻獐送給他的父親王安石。小元澤好奇地看著，客人問小元澤：「你知道，哪一隻是鹿，哪一隻是獐嗎？」小元澤當時分辨不出來，回答說：「鹿在獐旁，獐在鹿旁。」客人聽了，非常驚奇小元澤的機智。

邏輯 入門

請問用邏輯學的觀點，小元澤是用敘述句中的哪一種關係？

解 「對稱性」中的「對稱關係」。

王安石 (1021～1086 年)

王安石是北宋政治家、思想家，也是唐宋八大家之一。他輔佐宋神宗變法革新，但未能成功。坊間流傳不少王安石與蘇軾 (亦為唐宋八大家之一) 二人鬥智的故事。

例題 3-34

試判斷下列敘述是否正確，並說明應該使用何種關係做判斷？

(1) 小明是小華的好朋友，小華是小陳的好朋友，則小明是小陳的好朋友。
(2) 蔡萬秋是蔡萬夏的兄弟，蔡萬夏是蔡萬冬的兄弟，則蔡萬秋是蔡萬冬的兄弟。
(3) 洲際盃棒球比賽，日本打贏中華隊，中華隊打贏澳洲，那麼日本一定打贏澳洲。

解 (1) 否。應該使用非傳遞關係。
　　(2) 是。應該使用傳遞關係。
　　(3) 否。應該使用非傳遞關係。

第三章　敘　述

習　題

下列第 1～12 題為單選題，請寫出適當的答案。

1. 試問三字經中「教不嚴，師之惰」是何種類型的敘述？

    (1) 簡單敘述。

    (2) 聯言敘述。

    (3) 選言敘述。

    (4) 假言敘述。

2. 東漢光武帝要臣子宋弘休妻，以便將公主嫁給他，宋弘堅拒不願意，於是說了：「貧賤之交不可忘，糟糠之妻不下堂。」這兩句傳誦千古的名句，試問這名句是何種類型的敘述？

    (1) 簡單敘述。

    (2) 聯言敘述。

    (3) 選言敘述。

    (4) 假言敘述。

3. 並不是數學和英文的考試都不容易。這表示：

    (1) 其他科的考試更不容易。

    (2) 數學和英文的考試都容易。

    (3) 數學和英文的考試，一者容易，另一者不容易。

    (4) 數學和英文的考試，至少有一科容易。

4. 阿英說：「雙子座或射手座的人花心。」阿明說：「這不準啦！」阿明的意思是：

    (1) 雙子座或射手座的人不花心。

    (2) 其他星座的人更花心。

    (3) 雙子座和射手座，一者花心，一者不花心。

51

(4) 雙子座和射手座的人都不花心。

5. 某日，新聞報導如下：「東南亞有些國家發生地震。」爸爸評論道：「此報導不實。」爸爸的意思是：

(1) 東南亞至少有一個國家沒有發生地震。

(2) 東南亞有的國家有地震，有的沒有地震。

(3) 所有的東南亞國家都沒有發生地震。

(4) 其他地區的國家也發生地震。

6. 並不是所有設籍在新竹縣的人都是客家人。這表示：

(1) 有的設籍在新竹縣的人是客家人，有的不是。

(2) 至少有一個設籍在新竹縣的人不是客家人。

(3) 恰有一個設籍在新竹縣的人不是客家人。

(4) 所有設籍在新竹縣的人都不是客家人。

7. 水果日報某日報導：新新科大至少有一個女學生利用晚上去夜店打工，新新科大校長嚴正否認。新新科大校長之意為新新科大：

(1) 不只一個女大學生利用晚上去夜店打工。

(2) 所有女大學生都沒有利用晚上去夜店打工。

(3) 所有女大學生都有利用晚上去打工。

(4) 現在流行男大學生都利用晚上去打工。

8. 並不是所有的女生都愛花，這表示：

(1) 至少有一個女生不愛花。

(2) 所有的女生都不愛花。

(3) 有的女生愛花，有的不愛。

(4) 至少有一個男生不愛花。

9. 「有些狗不吃肉」的否定句是：

(1) 全部的狗不吃肉。

(2) 至少有一隻狗吃肉。

(3) 全部的狗都吃肉。

(4) 有些狗吃肉，有些狗不吃。

10. 「除非小丸子去遠足，否則小玉不去遠足。」等同於下列哪一句：

   (1) 只有當小丸子去遠足，小玉才去遠足。

   (2) 若小丸子不去遠足，則小玉也不去遠足。

   (3) 若小玉去遠足，則小丸子也去遠足。

   (4) 若小丸子去遠足，則小玉也去遠足。

   (5) 小丸子和小玉一起同進退。

11. 試問「若我賄選，則我退出政壇。」的否定句為何？

   (1) 若我賄選，則我沒退出政壇。

   (2) 若我退出政壇，則我沒賄選。

   (3) 我沒賄選或我沒退出政壇。

   (4) 我賄選且我沒退出政壇。

12. 「若我中樂透彩券的特獎，則我要環遊世界一周。」同義於：

   (1) 若我沒環遊世界一周，則我沒中樂透彩券的特獎。

   (2) 我沒中樂透彩券的特獎，且我仍然要環遊世界一周。

   (3) 我中樂透彩券的特獎且我要環遊世界一周。

   (4) 若我環遊世界一周，則中樂透彩券的特獎。

下列第 13～16 題，為填充題。

13. 若我有時間又有錢，我就會參加這次畢業旅行。

   前件為＿＿＿＿＿＿＿＿＿＿，後件為＿＿＿＿＿＿＿＿＿＿。

14. 只要有費玉清演唱會的地方，就有我。

   前件為＿＿＿＿＿＿＿＿＿＿，後件為＿＿＿＿＿＿＿＿＿＿。

15. 若你的邏輯觀念不錯，則你的思考方式十分正確。

   前件為＿＿＿＿＿＿＿＿＿＿，後件為＿＿＿＿＿＿＿＿＿＿。

邏輯入門

16. 三字經中有一句話是這麼說的「養不教，父之過」。

    前件為＿＿＿＿＿＿＿＿＿＿＿＿，後件為＿＿＿＿＿＿＿＿＿＿＿＿。

17. 試判斷下列敘述是屬於簡單敘述、聯言敘述、選言敘述，還是假言敘述？

    (1) 若 $\overline{AB} = \overline{AC}$，則 △ABC 為等腰三角形。

    (2) 我有弟弟和妹妹。

    (3) 如果你抽菸，我就不想當你的女朋友。

    (4) 你是我的姊姊。

    (5) 如果你是那片雲，我願是那清風。

    (6) $a \leq 0$ 或 $b \leq 0$。

    (7) 己所不欲，勿施於人。

18. 試判斷下列敘述之真假。

    (1) 任何人都有母親。

    (2) 如果太陽上面有人居住，則太陽繞地球運轉。

    (3) 7 乘以 3 的答案是 22 或 21。

    (4) 打工和電玩都不是學生必修的學分。

    (5) 貝多芬是英國人。

    (6) 若 $2 + 2 = 5$，則 $3 + 1 = 4$。

    (7) 有些自然數是負數。

    (8) 27 和 18 的最大公因數是 9，最小公倍數是 486。

    (9) 人是動物或植物。

    (10) 銳角三角形中，不可能有角度大於 90 度。

第三章 敘述

貝多芬 (Ludwig van Beethoven, 1770～1827 年)

被尊稱為樂聖的貝多芬，其作品甚豐且曲風多變，最出名的是九首編號交響曲，尤其第九交響曲「合唱」更被聯合國教科文組織列為「人類文化遺產」。他因罹患耳疾導致失聰卻仍能作曲的本事，也傳為千古佳話。他是生前就聲名卓著的音樂家，據說其臨終遺言是「鼓掌吧！朋友，喜劇結束了。」其弟子希勒於貝多芬彌留之際，取下他一綹頭髮，爾後這一些頭髮也成了鑑定貝多芬死因之重要依據，並有《貝多芬的頭髮》一書描述此一故事，也有多部電影描述其生平故事。

19. 試說明下列的否定句。

(1) $a > 0$ 或 $b > 0$。

(2) $a^2 + b^2 = 0$。

(3) 牛頓和高斯都是數學家。

(4) 陳六上班天天遲到。

(5) 若 $a^2 + b^2 = 0$，則 $a = b = 0$。

(6) 所有人都喜歡搭火車。

(7) 若考試題目太難，則全班同學都考不及格。

(8) 集合 A 中所有元素都是偶數。

(9) 集合 A 中至少有一個元素是偶數。

(10) 集合 A 中沒有一個元素是偶數。

(11) 集合 A 中正好有一個元素是偶數。

(12) 日間部每一班的每一位老師都是男老師。

(13) 日間部每一班都至少有一位老師是男老師。

(14) 日間部至少有一班的每一位老師都是男老師。

(15) 日間部至少有一班至少有一位老師是男老師。

(16) 不是不美。

20. 寫出下列敘述的同義句。

(1) 若我有時間又有錢，我就會去參加這次畢業旅行。

(2) 只要有費玉清演唱會的地方，就有我。

(3) 若 $ab = 0$，則 $a = 0$ 或 $b = 0$。

(4) 若天下雨，則外面的路面會濕滑。

21. 請問「小蘇並不是沒有理由恨小王」與「小蘇有理由恨小王」兩個敘述是否同義。

22. 柏拉圖是一個哲學家，他非常重視數學，他認為：數學是訓練人類心智必備的知識，據說，在他所創立的學校門口寫著：「不懂幾何者，不准入內。」請問此一敘述是否與「入內者，必懂幾何。」相同，並說明其原因。

23. 甲：有些立委有黑金背景。

乙：有些立委沒有黑金背景。

請問乙是否為甲的否定句？若不是，甲的否定句為何？

24. 已知「若 $x = 3$，則 $y = 5$」且「若 $x = 7$，則 $y = 6$」，則 $y = 8$ 時，x 為多少？

25. 下列敘述應該使用何種關係作判斷，並說明各題結論是否正確？

(1) 我喜歡他，所以他喜歡我。

(2) 曉明與小華的出生地相同，小華與小莉的出生地相同，所以曉明與小莉的出生地相同。

(3) 阿真是阿珠的同學，阿珠又是阿美的同學，所以阿真是阿美的同學。

(4) 小明是小強的哥哥，所以小強一定不是小明的哥哥。

(5) 甲是乙的姊姊，乙是丙的姊姊，所以甲是丙的姊姊。

(6) 甲是乙的爸爸，乙是丙的爸爸，所以甲是丙的爸爸。

(7) 小田家離小苗家很近，小苗家離小李家很近，所以小田家離小李家很近。

(8) 桌球比賽結果，小明贏小華，小華贏小畢，所以小明必贏小畢。

(9) 阿義是阿雅的配偶，所以阿雅是阿義的配偶。

(10) 甲是乙的阿姨，乙是丙的阿姨，所以甲是丙的阿姨。

(11) 我想念他，所以他想念我。

(12) 甲在乙的旁邊，則乙不一定在甲的旁邊。

第四章 演繹推理

　　我們在第一章已介紹過推理，那麼推理到底用在哪些地方呢？答案其實很簡單，那就是：處處可見。古往今來，人們的生活過程中充斥著推理，這包括下結論，處理問題以及面對未知等，其使用之頻繁眞的是無法細數。例如：「如果星期日不下雨，我們就要去爬山。結果，星期日我們沒去爬山，這代表什麼意思？」「客家人都很勤勞，而阿美是客家人，所以阿美很勤勞。」等，這些都是簡單的推理運用，至於較深入的推理也不少。

　　例如：發明對數的數學家納皮爾，據說他爲了找出哪位僕人偷了東西，便命令所有僕人一個個走進暗室去拍黑公雞的背，並宣稱黑公雞是隻不平凡的雞，只要小偷拍它的背，便會發出

納皮爾 (John Napier, 1550～1617 年)

納皮爾是蘇格蘭數學家及物理學家，發明對數及滑尺。在當時沒有計算機的時代，對數的發明將計算變得相形簡單快速，也加速了科學的進步。他生平最奇特的是預言世界末日 (他認爲是在 1688～1700 年間)。愛丁堡的納皮爾大學與月球上的納皮爾火山口，都是在紀念與表彰其成就。

不一樣的聲音，於是納皮爾在：「不敢摸黑公雞的人是小偷」之推理下，順利抓出小偷。(註：因為他先將黑公雞的背偷偷塗上煙墨，於是，自知有罪的小偷便不敢摸那隻公雞，因此，小偷走出暗室時，手自然是乾淨的。)而在中國的包公奇案，也有類似的故事。

推理既然如此重要，而且又如此普遍被應用，那麼接下來，我們想探討「如何由推理下結論」。

基本上，經由推理而下結論的方法有二：演繹推理與非演繹推理。所謂**演繹推理**就是依邏輯規則推得事實，因其結論是必然的，所以又稱**必然推理**。所謂**非演繹推理**則是前提和結論的聯繫是非必然的，因大多是觀察或實驗所得之結論，所以又稱**非必然推理**。一般而言，數學課本上的定理證明大多是演繹推理，也就是利用定義配合邏輯推理得證，因此，結論都是正確的；而物理課本上的定律大多是非演繹推理，也就是用實驗或觀察得到的結論，因此，不見得都是正確的。(這也正是我們在科學發展中，必須不斷修正定律的原因。)

諾貝爾物理獎得主楊振寧院士曾經在一場通俗科學演講中有一段俏皮話，他說：物理與數學的論文因其學科屬性，下場很不相同。物理論文多由做實驗歸納而得之結論，出錯率高，100 篇論文十年後，約有 99 篇要修正；而數學論文多由邏輯演繹而來，幾乎不會出錯，但因追求嚴謹往往忽略現實，100 篇論文十年後，約有 99 篇是空談。楊振寧院士是理論物理大師，數學與物理功力均深不可測，其所言道出了「演繹」與「歸納」本質之不同：經由「演繹」而得的結論正確但易流於空談，經由「歸納」而得的結論不見得正確但通常較實際。

在此特別聲明，千萬不要因為楊振寧院士的俏皮話，而誤

第四章　演繹推理

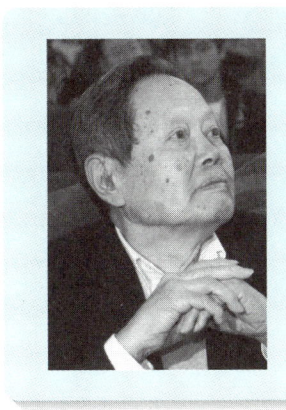

楊振寧 (1922 年～)

美籍華人，著名理論物理學家。1957 年與李政道因宇稱不守恆理論而榮獲諾貝爾物理學獎，也是史上首獲諾貝爾獎的華人。

解成「物理論文無用 (因出錯率高)，數學論文也無用 (因屬空談)」。要知道，論文縱使 100 篇中有 99 篇出錯 (或屬空談)，但只要有一篇對，就足以使我們更加進步，更何況若沒有那出錯的 99 篇，關鍵性的一篇也許就不存在了。

現在，本章將先就推理中的演繹推理部分做有系統的整理，至於推理中另一部分：非演繹推理，我們將於第六章再行介紹。

一、演繹推理的種類

演繹推理大約可分成簡單推理 (就是簡單敘述、簡單否定句的推理，因為這種句子的推理可直接判斷、推理，因此本章省略)、聯言推理、選言推理、假言推理、兩難推理、關係推理 (就是利用第三章關係判斷做推理，因其各種情況已在第三章詳細介紹過，故本章不再重述) 以及三段式推理 (將於第八章介紹)。

二、聯言推理

聯言推理就是第三章複合敘述句中聯言敘述的推理，它需

要各個語句同時為真,整個推理才為真。例如:「林大偉是個樂觀進取的青年。」這表示林大偉既樂觀又進取且是個青年。在此,為了更清楚分析,我們將聯言推理分成兩種類型,下列將其型式與結論整理介紹。

1. 分解型:

  前提:A 且 B。

  結論 1:A。

  結論 2:B。

例題 4-1

試將「陳太太是個賢妻良母。」這個敘述下結論。

解 這敘述表示「陳太太是賢妻,且陳太太是良母。」

2. 合成型:

  前提 1:A。

  前提 2:B。

  結論:A 且 B。

例題 4-2

試問由下列前提推理後,可得什麼結論?

前提 1:成功需要靠努力。

前提 2:成功需要靠運氣。

解 成功需要靠努力與運氣。

三、選言推理

　　選言推理就是第三章複合敘述中選言敘述的推理，它只需語句敘述中至少一個為真，則可推得整個推理為真的一種推理。例如：程小美是小學老師或是國中老師，這表示程小美不論是小學老師或國中老師，只要有一個成立則為真。接下來，讓我們把選言推理的種類整理介紹。

1. **相容型**：是指兩個語句可以同時成立。
　　前提：A 或 B 是 C。
　　結論：A 是 C、B 是 C、A 與 B 都是 C，這三種情形其中一種成立。

例題 4-3

　　有人看見丁中沒有工作卻開百萬跑車，因而推理下結論：「丁中的父母親或太太很有錢。」試問此推論中到底誰很有錢？

解 這例子裡，丁中的父母親和丁中的太太很有錢是可以同時成立的，所以是相容型的選言推理，也就是說丁中的父母親、丁中的太太至少有一方有錢，也可能都很有錢。

2. **不相容型**：是指兩個語句不可以同時成立，只能擇一成立。
　　前提：A 或 B 是 C。
　　結論：A 是 C 或者 B 是 C，兩種情形只有其中一種成立。

> **例題 4-4**
>
> 　　凶殘成性的皇帝有一次與阿凡提聊天。皇帝問阿凡提：「我死後靈魂會上天堂，還是下地獄？」阿凡提想了想，回答說：「依我看，準是下地獄。」皇帝聽了非常生氣地說：「混帳，以我皇帝之命怎能下地獄？你是不想活了嗎？」沒想到，阿凡提利用不相容的選言推理，不但不著痕跡的給皇帝很好的忠告，也讓自己保住小命。你猜得到阿凡提的回答是什麼嗎？
>
> **解** 阿凡提馬上恭敬地說：「尊敬的皇上，您本應上天堂的，但是，只因您把上天堂的人殺掉太多，以致於天堂住滿，再也住不下您啦！」

四、假言推理

假言推理又稱**如言推理**，是第三章複合敘述中假言敘述的推理，由第三章知道：「若非Q，則非P。」是「若P，則Q。」的同義句，而這個證明，我們將於第七章真值表中介紹，下面先介紹假言推理的類型。

1. **肯前型**：就是肯定前件，得到後件。其推理過程為：

    前提 1：若 P，則 Q。

    前提 2：若 P。

    結論：Q。

例題 4-5

「如果子彈射中歹徒，歹徒就跑不遠了。現在子彈已經射中歹徒，所以歹徒跑不遠。」試就前面引號中的內容，分析其推理過程。

解 推理過程如下：
前提 1：若子彈射中歹徒，則歹徒跑不遠。
前提 2：子彈射中歹徒。
結論：歹徒跑不遠。

2. **否後型**：就是否定後件，得到前件的否定。這其實就是利用「若 P，則 Q。」的同義句：「非 Q，則非 P。」來推理下結論。其推理過程為：

前提 1：若 P，則 Q。
前提 2：非 Q。
結論：非 P。

例題 4-6

「如果子彈射中歹徒，歹徒就跑不遠了。現在歹徒跑遠了，所以子彈沒有射中歹徒。」試就前面引號中的內容，分析其邏輯推理過程。

解 此句推理過程如下：(註：與例題 4-5 比較其不同處)
前提 1：若子彈射中歹徒，則歹徒跑不遠。
前提 2：歹徒跑遠了。
結論：子彈沒有射中歹徒。

邏輯入門

假言敘述「若 P，則 Q。」成立的前提下，我們作推理時，應特別注意下列幾個原則：(1) 若已知：P，則套用肯前型假言推理，可得結論：Q。(2) 若已知：非 P，則不能套用已知，故我們無法有任何結論。(3) 若已知：Q，不能套用已知，因此，我們也就無法有任何結論。(4) 若已知：非 Q，則套用否後型假言推理，可得結論為：非 P。

例題 4-7

「如果發燒，則要去看醫生。如今沒有發燒，所以不必去看醫生。」試分析前面引號中的內容是否運用正確的假言推理。

解 否。因為假言推理中無法對「如果沒發燒，是否要看醫生」作任何的推理。

例題 4-8

某天，小高去租書店租漫畫書，正巧老闆娘發現早上才領的 3000 元不見了，馬上就懷疑是店內客人偷走的，因此，要求將每個客人的皮夾與口袋清查一番，結果，剛好只有小高帶 3000 元，其他客人身上都不及 3000 元，於是，老闆娘一口咬定是小高偷了她的錢。請問這種推理合理嗎？若不合理，說明所犯的錯誤為何？

解 不合理，因為老闆娘利用下面的推理：
如果某位客人偷了她的 3000 元，則口袋或皮夾至少有 3000 元。
現在小高口袋或皮夾有 3000 元，所以小高偷了她的 3000 元。
這種推理是錯誤的，因為肯定後件並不能證明前件為真。

第四章　演繹推理

> **例題 4-9**
>
> 　　小齊與小趙兩人一起去廟裡拜拜，看見一個眼盲的殘疾人士在乞討錢財，小趙一眼認出那位眼盲的殘疾人士就是昨晚逛夜市吃臭豆腐時，坐在隔壁桌的那位時髦客人，昨晚的他分明沒有眼盲，故小趙說：「只有笨蛋，才會拿錢給他(指那位眼盲的殘疾人士)。」請就小趙的論述，寫下其推理過程。
>
> **解** 推理過程如下：
> 　　前提 1：只有笨蛋，才會拿錢給他。
> 　　前提 2：小趙沒有拿錢給他。
> 　　結論：小趙不是笨蛋。
> 　　這裡用的邏輯推理就是否後型的假言推理。

五、兩難推理

　　介紹兩難推理之前，我們先介紹兩難困境。所謂**兩難困境**就是指某人遇到某一種狀況，而解決此一狀況有兩種可能做法，但不論哪一種做法都會存在此人不願意接受的結果，此時我們就稱此人陷入兩難困境。

> **例題 4-10**
>
> 　　錢立委與金小姐發生戀情，並於七年前生下一子，但是，錢立委已有家室，某一天，錢立委的地下戀情被狗仔隊踢爆。請說明錢立委的兩難困境。

邏輯 入門

> **解** 如果錢立委承認地下戀情，錢立委就會身敗名裂；如果錢立委不承認地下戀情，孩子就不認錢立委為父親。不論選擇承認或不承認，錢立委都會面臨不想接受的結果（身敗名裂或孩子不認他），這就是錢立委的兩難困境。

兩難推理（又稱**雙刀推論**）通常用於意見對立的雙方，其中一方想用推論逼迫對方陷入兩難困境而無法辯駁，甚至只好放棄原先的主張，同意自己的說法，此種兩難困境的推理即稱為兩難推理。

例題 4-11

邏輯老師希望學生能出席「邏輯思考」課程，不要任意翹課。他並把學生分成積極態度與消極態度兩類型。請問如何運用兩難推理，才能鼓勵這兩類型的學生都來上課並認真聽講？

> **解** 本題中對立的雙方是學生（想翹課）與老師（不要學生任意翹課），老師為了使學生陷入兩難困境，以達老師「不要學生任意翹課」的主張，於是，老師先將學生分成積極態度與消極態度兩類型。老師的論述如下：如果你積極地想把「邏輯思考」學好，則要來上邏輯課並認真聽講；如果你消極地想讓「邏輯思考」及格，則因你的個性屬消極，回家必不會複習邏輯思考的上課內容，因此，若要及格，一定要靠上邏輯思考課時認真聽講來達成及格的目的。那麼，不論你是積極態度者或者是消極態度者，結論都是：要來上邏輯課並認真聽講。這樣，老師就運用兩難推理迫使學生同意不要任意翹課的主張，而放棄自己想翹課的主張了。

第四章　演繹推理

例題 4-12

據說唐朝文成公主長得美麗又聰明，皇上對她疼愛有加。前來向她求婚的王孫公子絡繹不絕，但智愚難辨。於是公主想了一個選擇丈夫的辦法：不論出身如何，只要誰能提出問題難倒她，她就嫁給誰。這辦法一宣佈，求婚的人就更多了。他們提出許多奇怪的問題，文成公主都一一解答出來，因此他們一個個都失望而返。

後來，聰明英俊的松贊干布也來求婚。他非常誠懇地向公主提了一個問題：「請問公主，如果為了使您成為我的夫人，我應提什麼問題才能難倒您呢？」文成公主一聽，二話不說就答應了這門婚事。

試利用兩難推理，說明為什麼公主答應了這門婚事？

解 在本題，對立的雙方是公主（不想嫁）與松贊干布（說服公主嫁）。松贊干布想利用兩難推理，陷公主於兩難困境。而公主聽了松贊干布的問題之後，隨即發現她必須在由「告訴他難題」與「不告訴他難題」兩者之中擇一。如果告訴他怎樣的難題能難倒公主，那麼公主就要嫁給他；但如果不告訴他怎樣的難題，這樣其實就是難住公主了，公主也要嫁給他。因此，不論有沒有告訴他難題，結論都是：公主要嫁給他。於是，公主只好放棄自己原先的主張「不想嫁」，而嫁給松贊干布了。

文成公主（約 623 年～680 年）

文成公主原為唐朝皇室李氏一族之遠支，640 年奉唐太宗之命和親吐蕃（在西藏一帶），至今當地仍有許多文成公主的相關遺跡。而她所嫁的對象正是例題 4-12 所說的松贊干布。

邏輯入門

例題 4-13

小羅剛從師大畢業，從五月底起就全台到處走透透，忙著應徵國小教師。然而，現在流浪教師實在太多了，因此小許並不看好小羅的這次求職。小許冷冷的對小羅說：「如果要被錄取，本身的條件一定要好。還有，就算條件好，如果要被錄取，本身的運氣一定要好。我看你是沒希望了。」試利用兩難推理，說明小許之論述。

解 在本題，對立的雙方是小羅(想當國小教師)與小許(唱衰小羅想當國小教師的夢想)。小許想陷小羅於兩難困境。小許將小羅的處境分成兩種可能的狀況：本身的條件好或本身的運氣好。而小許言下之意是：若小羅本身的條件不好，則小羅無法當國小老師；還有若小羅本身的條件好，則因小羅本身的運氣不好，所以也無法當國小老師。因此，不論小羅本身的條件好或不好，他都不能當國小老師。

例題 4-14

相傳隋文帝楊堅不迷信風水論，於是他用自己家之墓田為例去破除風水說。

隋文帝的論述為：「我家墓田若不吉利，則我不當貴為天子；我家墓田若吉利，則我弟不當戰死。因此我家墓田與風水之說無關。《隋書》」試以兩難推理說明隋文帝之推理過程。

解 在本題，對立的雙方是「相信風水之說的人」與隋文帝楊堅(不信風水之說)。隋文帝楊堅利用兩難推理，陷「相信風水之說的人」入兩難困境。他以他自家的墓田為例，

第四章　演繹推理

說明風水之說不可信。其推理過程如下：若風水之說可信，則代表自家的墓田吉利或不吉利，而二者必居其一。

如果墓田不吉利，則他(隋文帝)就不會當上皇帝，但已知隋文帝是皇帝，表示墓田吉利；如果隋文帝家墓田吉利，則隋文帝的弟弟就不會戰死，又已知隋文帝的弟弟戰死，表示墓田不吉利。

因此，不論墓田吉利或不吉利，均會造成矛盾，這代表風水之說不可信。

註：此段說明用到的推理其實是「矛盾的原理」，這在第五章第二節不矛盾律處有更詳盡的介紹。

隋文帝楊堅 (541～601 年)

隋文帝是隋朝開國皇帝。隋文帝大致上是個明君，但為人太過節儉，甚至飢荒也不開糧倉救民。次子楊廣捉住其弱點，裝出一副勤儉持家的樣子，甚為楊堅喜愛，後來立楊廣為太子。未料，隋文帝最後竟被楊廣所殺，而隋朝也只到楊廣就滅亡。

正如我們在各個例子所看到的，兩難推理常被用在證明事情或反駁事情上，更有趣的是，有時意見對立的雙方，可以互相用兩難推理駁倒對方 (這也正是兩難推理又名雙刀推論之由來)，如例題 4-15 所示。

邏輯入門

例題 4-15

希臘智者學派有位很有名的詭辯學家，名叫普羅塔哥拉，他教學生愛瓦梯爾學習訴訟，付費的規則是：學費分兩期付，學習前先付一半，然後到第一次出庭並打贏官司時付完另一半費用。結業後，愛瓦梯爾遲遲不替別人打官司，普羅塔哥拉一直收不到另一半的費用，於是向法院提出告訴。

在法庭上，普羅塔哥拉向愛瓦梯爾提出一個兩難推理：

如果我打贏官司，你就應付我另一半學費；

如果我打輸官司，表示你打贏官司，你也應付我另一半學費。所以，不論我打贏官司或者打輸，你都應付我另一半學費。

然而，愛瓦梯爾當然也學過兩難推理。請問愛瓦梯爾要如何反駁普羅塔哥拉？

解 在本題，對立的雙方是愛瓦梯爾(不想付另一半學費)與普羅塔哥拉(想收到另一半的費用)。題目中，普羅塔哥拉利用兩難推理說明愛瓦梯爾必須付另一半的費用。而此時，愛瓦梯爾也如法炮製，用兩難推理說明他自己不必付另一半學費。他將普羅塔哥拉陷於兩難困境，並將情況分成「如果愛瓦梯爾打贏官司」與「如果愛瓦梯爾打輸官司」兩狀況。其兩難推理過程如下：

如果愛瓦梯爾打贏官司，就表示愛瓦梯爾不必付另一半學費。如果愛瓦梯爾打輸官司，根據當初學費付費原則，就表示愛瓦梯爾不必付另一半學費。所以不論愛瓦梯爾打贏或打輸官司，他都不必付另一半學費。這樣，愛瓦梯爾就迫使普羅塔哥拉放棄自己想收到另一半費用的主張。這就是邏輯上很有名的「半費之訟」。

註：會出現此例的原因，在於雙方都將打官司的判決視為「非黑即白」。事實上，以這種民事訴訟，「非黑即白」的判例並不多，這種公說公有理，婆說婆有理的判決多屬「灰色地帶」，希望雙方各讓一步就能海闊天空了。

六、「充分條件」、「必要條件」以及「充要條件」

接下來，我們還要補充幾個名詞：充分條件、必要條件與充要條件。

在假言敘述中，若敘述 P 為真，則利用推理可得敘述 Q 必為真，此時我們稱 P 為 Q 的**充分條件 (sufficient condition)**，Q 為 P 的**必要條件 (necessary condition)**。但若 P 是 Q 的充分條件，且 P 是 Q 的必要條件，則我們稱 P、Q 互為充分且必要條件，簡稱**充要條件 (sufficient and necessary condition)**，或說成 **P 若且唯若 Q**。以「某動物是蜜蜂」與「某動物是昆蟲」為例，「某動物是蜜蜂」是「某動物是昆蟲」的充分條件，而「某動物是昆蟲」是「某動物是蜜蜂」的必要條件 (因只要它是蜜蜂，則它一定是昆蟲；但是昆蟲不一定是指蜜蜂)。再例如：「某多邊形是正三角形」與「某多邊形是三個內角均相等的三角形」就是互為充要條件。

邏輯入門

例題 4-16

判斷下列各小題中，P 是 Q 的什麼條件？

(1) $P : x > 2$。
   $Q : x > 1$。
(2) P：刮颱風。
   Q：我們不能去旅行。
(3) P：某無脊椎動物是昆蟲。
   Q：某無脊椎動物有六隻腳且身體分成頭、胸、腹三個部分。
(4) P：某人販賣毒品。
   Q：某人犯罪。
(5) $P : ab = 0$。
   $Q : a = 0$。
(6) $P : ab = 0$。
   $Q : a = 0$ 或 $b = 0$。

解 (1) 若 $x > 2$，則 $x > 1$，所以 P 是 Q 的充分條件，也可以說成 Q 是 P 的必要條件。

(2) 若刮颱風，則我們不能去旅行，所以 P 是 Q 的充分條件。

(3) 若某無脊椎動物是昆蟲，則它一定是六隻腳且身體分成頭、胸、腹三個部分；反之，若某無脊椎動物有六隻腳且身體分成頭、胸、腹三個部分，則它一定是昆蟲。所以 P 是 Q 的充要條件，也可以說成 P、Q 互為充要條件。

(4) 如果某人販賣毒品，則此人犯罪。所以 P 是 Q 的充分條件。

(5) 若 $a = 0$，則 $ab = 0$。所以 P 是 Q 的必要條件，也可以說 Q 是 P 的充分條件。

(6) 若 $ab = 0$，則 $a = 0$ 或 $b = 0$。又若 $a = 0$ 或 $b = 0$，則 $ab = 0$。所以 P 是 Q 的充要條件。

第四章 演繹推理

習 題

下列第 1～30 題為選擇題，請選出適當答案。

1. 若 $x^2 - 1 = 0$，則 x 解為

   (1) 1　(2) −1　(3) 1 或 −1　(4) 1 與 −1。

2. 若 $x^2 - 1 \neq 0$，則

   (1) $x \neq 1$　(2) $x \neq -1$　(3) $x \neq 1$ 或 $x \neq -1$　(4) $x \neq 1$ 且 $x \neq -1$。

3. 交通警察要求所有卡車加裝超重警鈴。如果卡車載物超重，警鈴就會大響。某天勇哥的卡車超重，則

   (1) 警鈴大響。

   (2) 警鈴靜悄悄。

   (3) 交通警察開罰單給勇哥。

   (4) 無任何結論。

4. 若酒醉駕車被臨檢，則會被吊銷駕駛執照。某日，某人喝得醉醺醺，分不清東西南北，但仍自己開車回家，恰巧遇見警察在路上臨檢，則會發生什麼事情？

   (1) 他已經買保險了。

   (2) 他會被吊銷駕照。

   (3) 他會被臨檢。

   (4) 無任何結論。

5. 如果我住在大城市，則我搭公車上學。其實我一向搭公車上學，則

   (1) 我住在大城市。

   (2) 我不是住在深山裡。

   (3) 我最怕塞車。

   (4) 無任何結論。

邏輯入門

6. 如果我是一片雲，我會在天空飛。但我不是一片雲，則

    (1) 我不會在天空飛。

    (2) 我想變成一片雲。

    (3) 我在地上走。

    (4) 無任何結論。

7. 某旅行團旅遊路線如下：先在新竹火車站集合，然後右轉走台一線，若遇到檳榔攤則左轉。小明參加旅行團，在新竹火車站集合，沿台一線一路直走到明新科技大學(都沒有轉彎)，則表示

    (1) 小明忙著看檳榔西施，忘了左轉。

    (2) 小明要來明新科技大學參加運動會。

    (3) 台一線從新竹火車站到明新科技大學一路都沒有檳榔攤。

    (4) 無任何結論。

8. 有人說：「若小丸子能考上醫學院，則太陽會從西邊出來。」此人意指為何？

    (1) 小丸子一定能考上醫學院。

    (2) 小丸子一定考不上醫學院。

    (3) 小丸子可能考上醫學院。

    (4) 太陽從西邊出來。

9. 已知：

    (一) 新竹縣該日雨量超過 50 mm，新豐就會淹水；

    (二) 今天竹南雨量超過 60 mm。

    請問由已知可推得什麼結論？

    (1) 新豐今天會淹水。

    (2) 新豐今天不會淹水。

    (3) 沒結論。

    (4) 竹南會淹水。

10. 已知：

    (一) 颱風來襲，學校就會停課；

    (二) 今天學校沒有停課。你可推得什麼結論？

    (1) 颱風沒有來。

    (2) 颱風來了。

    (3) 已知條件不夠，所以，無法推出結論。

    (4) 颱風來不來，不關我的事。

11. 已知：

    (一) 他若感冒，則他會發燒。

    (二) 現在，他發燒了。

    試問由已知可得到什麼結論？

    (1) 他現在感冒了。

    (2) 他現在沒感冒。

    (3) 他不是感冒，而是肚子痛。

    (4) 無法確定他是否有感冒。

12. 已知：

    (一) 如果不是電影剛演完，不會有大批觀眾離開電影院；

    (二) 現在有大批觀眾離開電影院。

    試問你有什麼結論？

    (1) 電影還沒演。

    (2) 電影剛演完。

    (3) 電影尚未演完。

    (4) 無法判定。

13. 由「若沒有一個考生不及格，則考試一定很容易」及「若考試不容易」這兩個前提可推得什麼結論？

    (1) 所有考生都不及格。

(2) 有些考生及格，有些考生不及格。

(3) 至少一個考生不及格。

(4) 大部分考生不及格。

14. 某民意代表的兒子為父親拍攝一支競選廣告，廣告詞是這樣說的：「若你要選英俊或乖乖牌的民意代表，就不要選我父親。」請問依照邏輯推理，誰一定要選他的父親？

    (1) 想選英俊或乖乖牌的人。

    (2) 不想選英俊或乖乖牌的人。

    (3) 無法得知誰該選他的父親。

    (4) 不想選英俊也不想選乖乖牌的人。

15. 前提 1：若 A 為紅，則 B 為綠。

    前提 2：若 A 非綠，則 B 為白。

    前提 3：若 B 為紅，則 C 為藍。

    前提 4：若 C 非黑，則 B 為藍。

    前提 5：若 C 為藍，則 D 非白。

    試問若已知「D 為白」，則 B 的情況為何？

    (1) 綠　(2) 非紅　(3) 紅　(4) 藍。

16. 某班學生的家庭調查有如下之資料：

    (甲) 有哥哥的人沒有弟弟。

    (乙) 沒有哥哥的人有妹妹。

    (丙) 沒有姊姊的人有弟弟或有妹妹。

    由此資料可推得下面的哪一個結論？

    (1) 沒有弟弟的人有哥哥。

    (2) 有妹妹的人沒有哥哥。

    (3) 沒有妹妹也沒有弟弟的人有姊姊。

    (4) 沒有哥哥的人有姊姊。

17. 若明新高中高一各班十月十二日的課表，有國文就沒有生物；沒有國文就有數學；沒有英文就有生物或數學。據此判斷明新高中下列高一各班推理哪些是正確的？

    (1) 高一忠班，十月十二日的課表中沒有生物，所以有國文。

    (2) 高一孝班，十月十二日的課表中沒有數學，所以有生物。

    (3) 高一仁班，十月十二日的課表中沒有數學，所以有英文。

    (4) 高一愛班，十月十二日的課表中沒有國文，所以有生物。

    (5) 以上皆非。

18. 若已知：陳過或他的太太犯下綁票案，現在既然綁票案是陳過做的，因此他的太太是否有罪？

    (1) 無罪。

    (2) 有罪。

    (3) 可能有罪，也可能無罪。

    (4) 陳過的弟弟才有罪。

19. 若 P 表示：「△ABC 是直角三角形。」Q 表示：「△ABC 中有兩邊長的平方和等於另一邊長的平方。」則 P 是 Q 的什麼條件？

    (1) 充分且必要條件。

    (2) 充分條件。

    (3) 必要條件。

    (4) 以上皆非。

20. 在 a、b 均為實數的前提下，若 P 表示：「$a^2 + b^2 = 0$。」Q 表示：「$a = 0$ 且 $b = 0$。」則 P 是 Q 的什麼條件？

    (1) 充分且必要條件。

    (2) 充分條件。

    (3) 必要條件。

    (4) 以上皆非。

21. 若 P 表示：「某多邊形為等腰直角三角形。」Q 表示：「某多邊形為直角三角形。」則 P 是 Q 的什麼條件？

    (1) 充分且必要條件。

    (2) 充分條件。

    (3) 必要條件。

    (4) 以上皆非。

22. 若 P 表示：「$a > 0$。」Q 表示：「$a = 1$。」則 P 是 Q 的什麼條件？

    (1) 充分且必要條件。

    (2) 充分條件。

    (3) 必要條件。

    (4) 以上皆非。

23. 若 P 表示：「天下雨。」而 Q 表示：「露天的大操場地面濕。」則 P 是 Q 的什麼條件？

    (1) 充分且必要條件。

    (2) 充分條件。

    (3) 必要條件。

    (4) 以上皆非。

24. 若 P 表示：「張三生病。」Q 表示：「張三發燒。」則 P 是 Q 的什麼條件？

    (1) 充分且必要條件。

    (2) 充分條件。

    (3) 必要條件。

    (4) 以上皆非。

25. 若 P 表示：「李四是人。」Q 表示：「李四是動物。」則 P 是 Q 的什麼條件？

    (1) 充分且必要條件。

(2) 充分條件。

(3) 必要條件。

(4) 以上皆非。

26. 若 P 表示：「n^2 是偶數。」Q 表示：「n 是偶數。」則 P 是 Q 的什麼條件？

    (1) 充分且必要條件。

    (2) 充分條件。

    (3) 必要條件。

    (4) 以上皆非。

27. 針對一元二次方程式 $ax^2 + bx + c = 0$ (其中 $a \neq 0$)，若 P 表示：「該方程式有相異實根。」Q 表示：「$b^2 - 4ac > 0$」，則 P 是 Q 的什麼條件？

    (1) 充分且必要條件。

    (2) 充分條件。

    (3) 必要條件。

    (4) 以上皆非。

28. 若 P 表示：「$a = 0$」，Q 表示：「$ab = 0$」，則 P 是 Q 的什麼條件？

    (1) 充分且必要條件。

    (2) 充分條件。

    (3) 必要條件。

    (4) 以上皆非。

29. 若 P 表示：「$a^2 - 4 > 0$」，Q 表示：「$a > 2$」，則 P 是 Q 的什麼條件？

    (1) 充分且必要條件。

    (2) 充分條件。

    (3) 必要條件。

    (4) 以上皆非。

30. 若 P 表示：「$x=1$」，Q 表示：「$x^2=1$」，則 P 是 Q 的什麼條件？

(1) 充分且必要條件。

(2) 充分條件。

(3) 必要條件。

(4) 以上皆非。

---

31. 有殼蝸牛房屋徵求職員的條件為「男性且最高學歷是大學 (含) 以上畢業」，若某人沒資格應徵，試問理由為何？

32. 某大學規定大一學生在體育方面，必須於游泳課能腳不碰地游完 50 公尺或是田徑課能一次跑完 1600 公尺。某大一學生甲因體育未過關而被當，其原因何在？

33. 女同學小萍、小莉、小蘭、小美和男同學阿文、阿光、阿男想組成一個四人登山隊，但是有以下限制：(1) 至少要有兩名男同學參加；(2) 小蘭不願與阿文同隊；(3) 小萍不願與阿光同隊；(4) 小美不願與小蘭同隊。如果小蘭一定要參加登山隊，那麼其他三人會是誰？

34. 已知下列三個敘述為真：

(1) 若甲是台灣人，則乙是美國人。

(2) 若甲是日本人，則乙是韓國人。

(3) 若乙是美國人，則丙是法國人。

現在，已知丙不是法國人，則對於甲與乙，你有何結論？

35. 阿民、阿昌和阿志因長途旅行有點疲勞，在進入育幼院之前停下來，討論他們進入育幼院的順序。阿民說：「如果我是最後一個，阿昌不能是第一個；如果我是第一個，阿志不能比阿昌早。」阿志指出：「如果我是最後一個，阿民不能比阿昌遲；如果我是第一個，阿民不能比阿昌早。」而阿昌回答說：「如果我不是第一個，也不是最後一個，阿民不能比阿志早。」現在，請幫助他們找出進入育幼院的順序，使

得每個人的願望都得以實現。

36. 如果阿玫買了昂貴的珠寶，一回家便會向丈夫撒嬌。今天阿玫一回家就向丈夫撒嬌。於是，丈夫認為阿玫買了昂貴的珠寶。請問：丈夫的思考合理嗎？為什麼？

37. 在大一新生迎新舞會前，三位好朋友愛玲、貝蒂、文貞有下列決定：
(1) 若貝蒂不參加舞會，愛玲也不參加舞會。
(2) 若貝蒂參加舞會，愛玲和文貞也會參加舞會。
試問：若愛玲參加舞會，是否可推理文貞也一定會參加舞會？請將推理過程寫下來。

38. 阿義、阿婷 (阿義的妹妹)、阿政 (阿義的兒子) 和阿珍 (阿義的女兒)，四個人一起參加全民英檢。成績放榜後，得知：
(1) 成績最好者的手足，和成績最差者的性別不同。
(2) 成績最好者的年齡，和成績最差者的年齡相同。
(3) 成績最好者的輩分較高。
請問：誰考最高分？

39. 某天，台北市中心，有位女士叫一部計程車。這位女士在到目的地的途中，一路說話說個不停，搞得司機快受不了。於是，司機對這位女士說：「對不起，女士，你說什麼，我一句都聽不見，我，全聾了，而我的助聽器今天又不管用。」女士聽他這麼一說，就不再嘰哩呱啦了。但是她下計程車後，突然發現計程車司機騙人，她是怎麼推理的呢？請將推理過程寫下來。

40. 「如果夫妻用同理心相處，就不會常常爭吵。」請將前面敘述利用假言推理，分別就下面給的條件推出結論。
(1) 夫妻同理心相處。
(2) 夫妻常常爭吵。

邏輯 入門

41. 一位父親問他的小兒子：「你喜歡爸爸或是媽媽？」小兒子回答說：「我喜歡爸爸跟媽媽。」請問小兒子的回答是否有答非所問之嫌？

42. 畢達哥拉斯一手創立的畢氏學派是一個具有濃厚宗教色彩的團體，因為他們認為豆子是神聖的 (也就是說：豆子不能跨越，更不能踩踏)，所以，他們的教規有一條是：「不允許吃豆子。」畢氏學派後來因與貴族結盟，於是與民主派作對，在大約公元前 501 年，民主派包圍了畢氏學派的集會處，準備圍殺畢達哥拉斯。混亂中，畢達哥拉斯逃到一個名叫米太旁登地方的一整片豆子前，這時，畢達哥拉斯馬上陷入了兩難困境。請說明畢達哥拉斯的兩難困境為何？

畢達哥拉斯 (Pythagoras，約前 580 年～前 500 年)

畢達哥拉斯是古希臘哲學家及數學家，也是音樂理論家 (以數學研究樂律)，其最著名的成就即為畢氏定理 (中國又名勾股定理)。畢達哥拉斯是史上第一個倡議將「數學」獨自列成一專門學科的。他畢生追求數學的美，並認為數學就足以解釋宇宙萬物 (因他深信宇宙冥冥之中有一個規律，而數學足以解釋這所有的規律。) 也正因如此，一般都將畢達哥拉斯歸為神祕主義，他所創立的學派也的確是吃素不吃豆。不過，因他對數學的美太過執著，不能接受「無理數」的概念。當他的一個弟子告知其「無理數存在」的事實時，他竟無法接受而殺死其弟子。

43. 試利用兩難推理下結論。

(1) 前面是懸崖，前進會死；
後面有追兵，後退會死。

(2) 若你是個好學生，則你考試不會作弊；

　　若你是個好學生，則你會努力認真讀書。

(3) 若你不知道此事該做而沒去做，則你是個愚人；

　　若你知道此事該做而沒去做，則你是個壞人。

44. 有一則童話故事是這麼描述的，一位年輕的母親帶著女兒在河邊玩耍。突然，鱷魚叼著了她的女兒。母親哀求鱷魚放了女兒。鱷魚說：「你如果能猜對我的心思，我就放了你的女兒。」聰明的你，若為年輕的母親應該如何幫女兒脫困？請說明你運用邏輯中的何種推理，並把整個推理過程寫下來。

第五章　邏輯推理的基本規則

　　一般我們在做邏輯推論時，我們還會用到一些基本規則。本章將逐一介紹其中三個基本規則：同一律、不矛盾律以及排中律。

一、同一律

　　同一律 (law of identity) 是指在同一思維過程中，關於同一主題(包含對象與思想)須具有一致性的意思。若違反同一律，則很容易犯了偷換主題的邏輯錯誤，如例題 5-1。

例題 5-1

　　據說有位算命先生專給人算命，算得十分神準，前往找他算命的人很多。一天，有三位要參加大學聯考的考生一起去問這位算命先生，想問看他們誰能考上國立大學？只見算命先生閉著眼朝他們伸出一隻手指頭，卻不發一語。考生們很納悶，於是請教算命先生。算命先生說：「此乃天機不可洩漏，到時自然明白。」考生只好失望地離開。請問：如何解釋能讓算命先生百分之百靈驗？

邏輯入門

> **解** 因「一」可表示一起中、一起不中、一個中以及一個不中四種情況，而這四種情況正好羅列所有情況。因此，若這位算命先生故意違反同一律，把「一」這個概念偷換成上述四個不同涵義的概念解釋，即可達到百分之百的靈驗。

事實上，同一律所能應用範圍十分廣泛，舉凡日常生活中講話、行為、判斷、推理都會用到，也是最基本的邏輯規則。例如：在法庭上，常聽到「與本案無關」之話語；或者我們聊天時，突然有人說「拜託，別把話題扯遠了」、「我說東，你怎麼說西？」等，這些都是「同一律」的具體應用。接下來，我們舉一些例子來說明「同一律」的應用。

例題 5-2

莎士比亞名劇《威尼斯商人》中有一個橋段大致如下：夏洛克是一個唯利是圖且殘忍的放高利貸者。有一次商人安東尼奧為了幫助朋友，向夏洛克借一筆錢。然而，夏洛克便要求安東尼奧簽定契約，契約之內容是：如果期限到了還不能還債，就要在安東尼奧這個人的「靠近心口處割一磅肉」。安東尼奧估算自己到時有一筆貨款可以還清這筆錢，故同意簽約。不料，他因某些原因而不能收到那筆貨款，於是無法按期還債。

夏洛克一狀告到法院，要求執行契約內容，請問：如果你想救安東尼奧，又要按契約行事，該如何救安東尼奧呢？

> **解** 按照同一律的要求，割「一磅肉」就是割「一磅肉」，不能多亦不能少，當然也不能流血，如此一來，割「一磅肉」就根本無法執行了。

第五章　邏輯推理的基本規則

莎士比亞 (William Shakespeare, 1564～1616 年)

一般認為莎士比亞是英國文學和戲劇方面最傑出的劇作家，他一生共創作了 38 部劇本 (另一種說法是 37 部劇本)，包括《羅密歐與茱麗葉》、《哈姆雷特》、《奧塞羅》與《李爾王》四大悲劇，以及《仲夏夜之夢》、《威尼斯商人》等喜劇，部部皆膾炙人口。在英美文學中，考據莎士比亞的生平與作品者，不知凡幾。例如：第八章介紹的集合論創始者康托爾，也曾從事考慮莎士比亞的研究。

例題 5-3

「一休和尚」有一集內容是：有一天師父出去辦事情，於是吩咐大家好好在廟裡看廟、用功。一休是個小孩子，在廟裡待不住，便到方丈室找大他兩歲的師兄玩，遇見師兄正哭著。

一休問：「你哭什麼？」

師兄說：「不得了，我惹大禍了。」

一休說：「我們是學禪的人，不能哭啊！」

師兄說：「你不知道，我剛剛不小心打破了師父放在櫃裡的瓷器，這瓷器又是師父最喜歡的，這回不得了，我完了！」

一休說：「唉，你別哭了，你把東西交給我，算是我摔的。」

師兄說：「我怎麼報答你呢？那我給你饅頭吃。」

一休說：「好，饅頭歸我吃，瓶子也歸我摔。」

一休就把破瓶子包起來放在口袋裡。

師父回來就問：「一休，你在用功嗎？」

邏輯 入門

一休說：「對啊！我一整天都在大殿裡參禪，我非常專心的在參一個問題。」

師父說：「你參什麼問題？」

一休說：「我是在參，到底有沒有人是不會死的？」

師父說：「唉啊！我的傻徒弟，哪有人不死？一切都是無常啊！」

一休說：「那東西呢？有沒有一樣東西能夠常存的？」

師父說：「一樣啦！無情之物也是無常，總是要壞的，因緣聚了就有，因緣散了就壞了。」

一休說：「哦，如果是這樣，那心愛的東西若是壞了，我們也不該傷心了！？」

師父說：「是的，緣散就壞了，心愛的東西緣散了，就沒了。」

一休說：「師父，這裡有個緣散就壞了的東西。」

一休就把口袋裡那包碎瓷片交給師父，師父看了也就沒發脾氣了。

請問一休運用邏輯裡的什麼規則說服師父？

解 邏輯的「同一律」。

一休和尚 (1394～1481 年)

大家可能因卡通「一休和尚」而認識這位聰明的小和尚，其內容大致上是描寫他小時候在安國寺的故事。一休和尚乃真有其人，一休為其法號，法名是宗純。一休雖為皇子出身，但從未以皇族身分自居。他是日本室町時代禪宗的著名奇僧，也是有名的書法家、詩人及畫家，他因提倡「生活禪」影響後世甚深。

第五章　邏輯推理的基本規則

例題 5-4

「一休和尚」有一集內容是：將軍非常愛養鹿，把鹿視為神物。有一天，將軍的一隻鹿闖進五郎佐豆腐坊偷吃，被五郎佐打傷。將軍叫人把五郎佐抓起來，並且決定要殺死五郎佐。一休小和尚聽後，覺得莫名其妙，並決心要營救五郎佐。審判大會時，審判長說：「五郎佐一時惱怒打傷了鹿。」一休爭辯說：「五郎佐打傷的不是鹿，而是另一種動物，是一隻狗，一隻野狗，一隻奇怪的狗。」

在場的人一片愕然，於是，將軍命令手下的人把那隻鹿牽進會場給一休看。一休問將軍：「你府上養的那些鹿是不是天天餵食？」將軍答道：「當然餵，還是日本第一流的飼料。」一休指著那頭鹿說：「如果它是鹿，怎麼餓成這樣子，怎麼會闖進豆腐坊偷吃？這不是將軍的奇恥大辱嗎？」

將軍自知理虧，又羞又惱地離開了會場，最後，審判長終於宣佈無罪釋放五郎佐。

現在，請用邏輯規則說明一休的立論。

解 一休以將軍府上的鹿是以「天天餵一流飼料的鹿」來定義。因此，在不違反同一律的情況下，跑去偷吃的就不是將軍的鹿，這使得將軍自知理虧而不堅持殺死五郎佐。

不過，同一律的使用也要注意到時間上的問題，因為時間的轉變，會使得有些事物產生性質的變化，這種因時間所產生的自然變化是不違反同一律的，如例題 5-5。

例題 5-5

有一個人與他的女兒在二十年前失散。當時他託人尋找自己的女兒，說道：「我的女兒是個可愛的七歲小女孩。」二十年後，他繼續打聽女兒的下落，這時候他的描述改成：「我女兒是個年輕的二十七歲女子。」此人前後兩個說法並不一致，請問是否違反同一律？

解 這前後兩個說法都是反映同一個人。雖然描述的內容不一樣，但由於不是「同一時間」，因此並不違反同一律。

還有，日常生活中有很多腦筋急轉彎的題目，就是利用故意違反同一律的規則來做問題設計。

例題 5-6

(1) 如果有一輛 March 汽車，車上載著蒂蒂與貝貝，請問這輛車的主人是誰？
(2) 為什麼南極沒有廟？
(3) 小紀在新竹國際商業銀行外的自動提款機提領 2000 元，他很小心地把錢放進褲子口袋裡，當天他只花了 300 元，第二天要用錢時，他伸手摸褲子的口袋，發現只剩下 500 元，沒有人搶劫他，他的褲子也沒破洞，猜猜看，到底發生了什麼事？

解 (1) 如果。
(2) 南無阿彌陀佛。
(3) 他穿不同件褲子。

二、不矛盾律

在說不矛盾律之前，先談一下矛盾。只要是前後不一、自相牴觸的現象都可稱之為**矛盾 (contradiction)**。我們依其討論主題，可將矛盾分成三種：敘述矛盾、推理矛盾與狀況矛盾。

所謂**敘述矛盾**是指一個敘述的內容前後互相牴觸，這表示此一敘述根本不會與事實相符，所以此一敘述為假。例如：「他光禿禿的頭上依稀有幾根白髮。」此敘述中，「光禿禿」與「有幾根白髮」顯然前言不對後語，有自相矛盾的語病，根本不可能成立，故此敘述為假。換言之，在邏輯學中，若某敘述矛盾，就代表此敘述一定為假，我們並將此敘述稱為**矛盾句**。以之前的例子來說，「他光禿禿的頭上依稀有幾根白髮。」就是一個矛盾句。

例題 5-7

吳妹在市集賣「矛」與「盾」，為了吸引客人，於是大聲喊道：「我的盾，十分堅固，沒有東西能夠刺破；我的矛，極為銳利，可以刺穿任何東西！」請說明吳妹的話是矛盾句。

解　「沒有東西能夠刺破」與「可以刺穿任何東西」前言不對後語，所以吳妹的敘述為假，也就是矛盾句。既然吳妹說的是矛盾句，代表吳妹說謊。事實上，這正是成語「自相矛盾」之典故。

邏輯入門

至於**推理矛盾**是某一推理過程發生矛盾，其詳細的意思如下：由前提出發 (假設前提為真)，經邏輯規則推理後，得到的結論竟是要「否定該前提」，這種情況我們稱之推理矛盾。

很顯然，推理矛盾是不該出現的。但是為何會出現呢？在第一章，我們說過「一個正確、恰當的推理結論，必須具備兩個條件：(1) 推理的已知，必須均為真；(2) 推理的過程必須遵守邏輯規則。」將之與「矛盾」的狀況比較，不難發現原因出在何處。前提與推理過程都必須正確，結論才會正確；現在，我們是經由正確的邏輯推理，卻產生「否定該前提」之結論，這代表前提一開始就是錯的。也就是說，**只要遇到推理矛盾，就只能否定前提**，除此之外，別無他路。

例題 5-8

相傳有一位年輕人宣稱：「我要發明出一種萬能溶液，它可以溶解一切物品。」想藉此在愛迪生實驗室工作。沒想到愛迪生馬上就知道此人說謊。你能說明愛迪生的理由嗎？

解 假設此年輕人說實話，則代表真有萬能溶液。而萬能溶液既然是「溶液」，必有某物品可盛裝此液體，因此至少有一種物品是不被此溶液溶解，那麼這種溶液就不是萬能的了，於是我們得到矛盾，所以必須推翻前提，也就是此年輕人說謊。

除了例題 5-8 之外，在前面例題 4-14 隋文帝的例子，也是用到「遇到推理矛盾就去推翻前提」的概念。當時若不懂此例，現在回頭再看就懂了。

第五章　邏輯推理的基本規則

愛迪生 (Thomas Alva Edison, 1847～1931 年)

愛迪生是美國發明家，也是第一位利用大量生產來生產其發明的人，更是目前發明最多產物的人(有 1093 項專利，但並不是他一個人獨自發明，很多都是他旗下的員工發明，而且大部分的專利並不是原創，而是改良)，其中最為人知的發明就是燈泡。目前大家耳熟能詳的美國奇異電子公司，其實源自於愛迪生 1892 年創的通用電氣公司。

　　數學證明中的歸謬法，是運用「先建立錯誤的假設，再依邏輯推理得到否定原假設的結論，因此判斷原假設錯誤。」的方法去得證想證明的結論，如例題 5-9。

例題 5-9

古希臘哲學家亞里士多德利用歸謬法證明 $\sqrt{2}$ 是無理數。

證 假設 $\sqrt{2}$ 是有理數，則 $\sqrt{2} = \dfrac{q}{p}$，其中 p、q 互質，且 p 為自然數，q 為整數。

將上式兩邊平方，得

$$2 = \dfrac{q^2}{p^2} \Rightarrow 2p^2 = q^2 \quad \cdots\cdots (1)$$

由 (1) 可知：q 必為偶數。

於是，我們令 $q = 2k$，其中 k 是整數。

將 $q = 2k$ 代入 (1) 中得

$$2p^2 = 4k^2 \Rightarrow p^2 = 2k^2 \quad \cdots\cdots (2)$$

由 (2) 可知：p 必為偶數。

> 現在，p 與 q 同為偶數，所以 p、q 必不互質，這與原假設矛盾，代表假設錯誤，故 $\sqrt{2}$ 不是有理數。又 $\sqrt{2}$ 是實數，因此 $\sqrt{2}$ 是無理數。
>
> 註：實數可分為有理數與無理數，其中有理數所成的集合與無理數所成的集合交集為空集合。

接下來，我們要介紹狀況矛盾。所謂**狀況矛盾**，是指某一情境有兩種可能的前提，但不論由哪一個前提出發，都會導致推理矛盾，於是必須否定該前提，以致於這整個狀況根本不能成立，此時我們就稱該情境是狀況矛盾。還記得我們之前說「遇到推理矛盾就去推翻前提」的觀念嗎？遇到狀況矛盾的處理手法也頗類似。因為有狀況矛盾的情境是根本就不該存在的，要知道：邏輯是推理思考的工具；若有某狀況根本不會發生，那就沒有繼續討論的必要。所以不幸*遇到狀況矛盾時，只能修改規則，使之不會有狀況矛盾*，如例題 5-10 與例題 5-11。

可能有人會覺得狀況矛盾頗類似兩難推理，但其實兩者雖然在構造上有些類似，但使用場合卻不相同。兩難推理用於對立的雙方，當中有一方陷對方於兩難困境；而狀況矛盾則是根本就不該存在的，所以只能修改規定以消除狀況矛盾。

接下來，然我們會問：真有狀況矛盾的例子嗎？若有，要如何更改規則以消除它？以下，我們列舉了兩個例子。

例題 5-10

某城市有一條法律，入城前需回答「進城要做什麼？」守城的士兵將判斷答案，並將答案分兩類：答對與答錯。倘若答對了，則可安然進城；倘若答錯了，則會被吊死。有一天，小明要進城，他回答：「我進城是來被吊死。」請問此回答是否產生狀況矛盾？若有，要如何更改規則修正？

第五章　邏輯推理的基本規則

解　首先，此回答有產生狀況矛盾，其原因如下。根據規則，小明的回答只有兩種情形：答對或答錯。

(1) 若小明答對了，則按照法律，他不應被吊死，可安然進城。但另一方面，按照小明「對的答案」，他應該被吊死，因此產生矛盾。

(2) 若小明答錯了，則按照法律，他應該被吊死，將之與小明的回答比對，發現小明其實答對了，而這與原假設矛盾。

所以，不論小明答對或答錯，都會產生狀況矛盾。

其次，會出現這種根本不成立的情況是原先定的規則不周延，所以我們必須修改規則。例如修改此規定為：除了進城是來被吊死的人以外，答對者安然進城；答錯者被吊死。這樣就不會有狀況矛盾發生。

例題 5-10 其實是源自於西班牙作家塞萬提司的《唐吉軻德》中的一個小故事。

塞萬提司 (Miguel de Cervantes Saavedra, 1547～1616 年)

塞萬提司是西班牙小說家，被認為是西班牙文學中最偉大的作家，甚至有人將西語稱為「塞萬提司語」。《唐吉訶德》是他最出名的著作，也被認為是文學史上第一部現代小說(如嘲諷、仿古、魔幻但又寫實的作法都屬創新)，影響後代的小說風格甚深。

例題 5-11

某城市有一理髮師(他也住在城裡)，因該城規定其城民之頭髮不得長於耳下三公分(不分男女老少)，因此他生意興隆。他在招牌上寫著：「我替城裡一切不自己理髮的人理髮，我也只替這些人理髮。」請問此說法是否有狀況矛盾？若有，要如何更改規則以修正？

解 首先，此說法有狀況矛盾，其原因如下。矛盾最主要發生在「誰替該理髮師理髮」。為方便起見，令該名理髮師為甲，則甲不是自己替自己理髮，就是別人替甲理髮，不會有其他情形。

(1) 若甲替自己理髮，很明顯違反他招牌上的最後一句話，因此產生矛盾。

(2) 若別人替甲理髮，則按招牌上的第一句話，應是甲本人替甲理髮，因此又與原假設 (別人為甲理髮) 產生矛盾。

因此，不論誰為甲理髮，都會產生狀況矛盾。

其次，會出現這種根本不成立的情況是原先定的規則不周延，所以我們必須修改規則。例如修改此規定為：除了我自己之外，我替城裡一切不自己理髮的人理髮，我也只替這些人理髮。這樣就不會有狀況矛盾發生。

說了這麼多的矛盾，是否有「規則難定」的感覺？事實上，這也解釋了為什麼法律條文多如牛毛，因為要將所有行為納入法律界定，根本是不可能的事，這也就難怪很多法律案件有諸多爭議。

接下來介紹「兩敘述不相容」此一觀念。所謂**兩敘述不相容**，是指若二敘述 P 與 Q，會造成「P 且 Q」為矛盾句。因

此，由第四章的聯言推理可知：「P且Q」為假，則P、Q中至少有一假 (這包含P、Q均為假的可能)。例如：「這張紙是全白的。」與「這張紙是全黑的。」就是「兩敘述不相容」的情形。因為若兩者同時為真，就會造成「這張紙是全白且全黑」為矛盾句。

例題 5-12

這次英文考試全部都是選擇題。針對這次英文考試，甲說：「小程全部答對。」乙說：「小程只有一題不小心答錯。」請說明甲和乙至少有一人說謊。

解 若某甲與某乙都說實話，則會造成矛盾 (因為「全部答對」與「只有一題不小心答錯」顯然不可能同時發生，也就是說「全部答對」且「只有一題不小心答錯」為假)，所以某甲所言與某乙所言為兩敘述不相容的狀況。因此，根據聯言推理可知：某甲所言與某乙所言中，至少有一假。當然，我們也不排除兩人都說謊，因為也可能小程答錯兩題或三題等。

所謂**不矛盾律 (law of non-contradiction)** 就是指同時不允許發生敘述矛盾、推理矛盾、狀況矛盾以及兩敘述不相容這四種情況的意思。

當然，「不矛盾律」與「同一律」一樣，運用時還要視時間及條件而定，不可不知變通。例如，有句話是這麼說的：「年輕時，是用健康換取財富；年長時，是用財富換取健康。」因為前段與後段針對的時間點不同，所以並沒有矛盾。

邏輯 入門

例題 5-13

子路問孔子：「是不是事情聽到了就可以馬上動手做？」孔子回答說：「不是。」後來，冉由又拿同樣的問題問孔子，孔子卻回答：「是的。」請問為什麼孔子對同一個問題卻有相反的回答？又這樣的回答是否違反不矛盾律？

解 之所以如此回答，是因為冉由平時做事畏頭畏尾，為了讓他增強勇氣，所以孔子回答：「是」；但是，子路平時做事冒冒失失，為了使他能夠穩重謹慎，所以，孔子回答：「不是」。孔子針對不同人擁有不同個性來回答問題，因此他的回答並不違反「不矛盾律」。

孔子 (前 551 年～前 479 年)

孔子被尊為「萬世師表」與「至聖先師」，其所創立儒家學說不但對中華文化有深遠的影響，甚至遠到韓國、日本、越南，這些地區也都被稱為是「儒家社會地區」。孔子的門徒甚多，其中七十二弟子精通六藝，號稱「七十二賢人」，在例題 5-13 中所提到的門徒都名列這「七十二賢人」。至於孔子的思想則大多載於《論語》。

三、排中律

排中律 (law of excluded middle) 是指二敘述 P 與非 P (P 的否定句之意) 必定不能同時為假，亦不能同時為真，因此二敘述必有一真 (即一真一假)。例如：「烏鴉是黃色的」與「烏鴉不是黃色的」是兩個互相否定的敘述，故由排中律知：此二敘述必有一真一假。

排中律和不矛盾律很相似，但也有不同的地方，基本上不矛盾律適用範圍較廣，但得到的結論較弱；而排中律適用範圍較窄，但得到的結論較強。例如：「烏鴉是黃色的」與「烏鴉是白色的」是兩個不相容的敘述，由不矛盾律知兩者之中至少有一假 (雖然現實生活中兩句都是假)。至於前述之「烏鴉是黃色的」與「烏鴉不是黃色的」則利用排中律，而得結論：此二句必有一真一假。換言之，排中律和不矛盾律不同的地方如下：

1. **範圍不同**。不矛盾律適用於互不相容的觀念，排中律僅適用於互相矛盾的觀念 (即敘述 P 與其否定敘述非 P)。不矛盾律適用範圍較廣，而排中律適用範圍較窄。
2. **結論不同**。不矛盾律僅要求在互不相容的觀念中，不能都加以肯定。排中律要求在互相矛盾的觀念中間，必須肯定其中一個。

邏輯 入門

例題 5-14

從前某國家有一個習俗，遇到被判處死刑的犯人，都會給犯人最後一次機會，那就是處死前，在一個筒內從「生」、「死」兩支籤中靠運氣抽出一張。如果犯人抽出「生」，他就可無罪釋放；如果抽出「死」，那犯人就死有餘辜，馬上處死。

國王非常喜歡手下兩個大臣：一個忠臣，一個奸臣。奸臣為了排除異己，總想把忠臣害死。於是他經常在國王面前咬耳朵，講了好多忠臣的壞話。國王耳根子軟，聽久了也信以為真，決定用抽籤的辦法來處死忠臣。奸臣一不做二不休，只想徹底把忠臣的最後一條生路斷絕。於是，在抽籤的前一天，逼著做籤的人，要他把兩個籤都寫成「死」，否則，將對其家人不利。

奸臣走後，做籤的人不忍陷害忠良，又不想自己的妻小、父母有危險，因此，偷偷地去牢裡找忠臣，告訴他這種情況，請忠臣想想辦法。忠臣聽後，想了一會，要做籤人不用擔心，好好地把兩個「死」籤做好，並請做籤人到時候把這兩個「死」籤拿出來。

請問，忠臣該如何自救又不會害了做籤人的家人？（提示：利用排中律。）

解 既然國王認定所抽的籤一定是「生」、「死」兩種情況之一，忠臣只要把抽到的籤吞下，讓眾人看到的籤為「死」籤，就可導引大家推得原來被抽到吞掉的是「生」籤了。

日常生活中，其實也有利用排中律和不矛盾律幫助我們處理事情，如針對集體犯罪，最常見的手法就是「隔離偵訊」，以免「串供」。其目的就是分開訊問同一犯罪事件的兩名（或

以上) 共犯，請他們分別說明。因他們被分別帶開，不知其他共犯說的，只能儘量替自己脫罪；而每個嫌犯都這樣做，將他們的供詞作交叉比對之後，就可知有人說謊，進而達到破案的目標。

　　在第九章第三節，羅列了一些「說謊問題」之推理謎題。其解題手法，其實就是根基於排中律和不矛盾律，有興趣的同學可以先去小試身手。

習　題

1. 請說明以下敘述為何是矛盾句。

(1) 影迷站成一排夾道歡迎影星金城武。

(2) 阿萍一向專心聽課，就是愛偷打手機。

(3) 他是此次連環車禍罹難者中，幸運躲過一劫的生還者。

(4) 一輛計程車正以時速 20 公里飛快地從我們身旁經過。

(5) 小時候我的夢想就是當醫生，現在終於一語成讖，美夢成真。

(6) 一場水災中，所有傢俱都付之一炬。

(7) 小美一向是個乖巧的女孩，只是有點叛逆。

2. 一位女孩迎面走過來，小陳說：「這個女生很胖。」小張卻說：「這個女生不胖。」請說明為什麼小陳和小張兩人中，必有一人說謊一人說實話。

3. 蝌蚪長大後，叫青蛙；毛毛蟲長大後，叫蝴蝶；孑孓長大後，叫蚊子。請問上面敘述是否犯了「同一律」的邏輯錯誤？試說明原因。

4. 試利用歸謬法證明 $\sqrt{5}$ 不是有理數。

5. 有一天，老虎想找個藉口把羊、老鼠、兔子都吃掉。牠先對羊說：「你聞聞看，我嘴巴裡是否有味道？」羊對著老虎的大口聞了聞說：「有味道。」老虎聽了吼道：「你敢對我不敬！」說完，就把羊吃掉。老虎又用同樣問題問老鼠。老鼠看見到羊的下場，連忙說：「大王，您的嘴裡沒味道。」老虎聽了很生氣說：「你真是個馬屁精，在我面前竟敢睜眼說瞎話！」於是，又把老鼠吞下肚。最後輪到兔子，想想看牠該如何回答才能保全性命呢？

6. 李太太在社區掉了一個錢包，裡面有剛領的 10000 元，心急如焚的李太太於是在社區公告：「誰能拾得本人皮包，我將以 1000 元作為答謝

金。」黃太太撿到了皮包，並把皮包還給李太太，但李太太知道黃太太家境富裕，反而動了貪念，一口咬定錢包內還有一只一克拉的鑽戒，兩人為此爭吵不休，於是，一狀告到法院去。請問：如果你是法官，要怎麼裁定才能讓李太太心服口服並還給黃太太清白？(提示：可利用同一律)

7. 請分析下列情況為何產生矛盾，並找出補救辦法，使之不矛盾。

   (1) 常看見牆上的海報如此寫著：

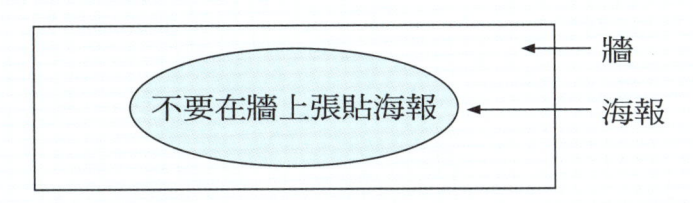

   不要在牆上張貼海報 ← 牆
   　　　　　　　　　　← 海報

   (2) 某占星家說：「我替所有不為自己占卜的占星家算命，我也只為這些人算命。」

   (3) 甲機器人修理一切不修理自身的機器人，而且也只修理這些機器人。

   (4) 小明對小華說：「我說的話都是謊話。」

8. 小華的數學老師問學生：「7乘以8等於多少？」小麗回答：「54」，小宇卻回答：「57」。小華的數學老師說：「小麗與小宇的回答不可能都對。」請問老師為何這樣回答？

9. 小華的數學老師問學生：「7乘以8等於多少？」小麗回答：「54」，小宇卻回答：「不是54」。小華的數學老師說：「小麗與小宇的回答其中有一個對。」請問老師為何這樣回答？

10. 猜謎。

    (1) $\dfrac{7}{8}$ (猜一成語)

    (2) $2 < x < 3$ (猜一成語)

    (3) 2468 (猜一成語)

(4) 15 分鐘 1000 元 (猜一成語)

(5) 7 ÷ 2 (猜一成語)

(6) 9 公寸 + 1 公寸 (猜一成語)

(7) $1000^2 = 100^3$ (猜一成語)

(8) 40 ÷ 6 (猜一成語)

(9) 哪條街沒雨 (猜一連鎖補習班店名,五個字)

(10) 兩隻小強在地上打滾 (猜三個字)

(11) 媽媽再見 (猜兩個字的數學名詞)

(12) 漱口藥水 (猜兩個字的數學名詞)

(13) 坐船須知 (猜兩個字的數學名詞)

(14) 考試不作弊 (猜三個字的數學名詞)

(15) 爺爺競賽 (猜兩個字的數學名詞)

(16) 兩牛相鬥 (猜三個字的數學名詞)

(17) 四三二一 (猜兩個字的數學名詞)

(18) 背著喇叭 (猜兩個字的數學名詞)

(19) 負荊請罪 (猜兩個字的數學名詞)

(20) 狼來了 (猜一水果名)

(21) 羊來了 (猜一水果名)

(22) 瞎子包東西 (猜一水果名)

(23) 一個滾地球,投手、二壘手、中堅手全漏接 (猜一水果名)

(24) 很多很多狼一起來?(猜一台灣地名)

(25) 餐廳一個人消費要 700 元,為何兩對母女到餐廳用餐卻只需要 2100 元 (未逢打折與優惠)?

(26) 三個人分四顆蘋果,怎麼分最公平?

第六章 非演繹推理

在第四章，我們介紹了演繹推理。而在本章，我們將介紹非演繹推理。一般而言，最常見的非演繹推理之種類有歸納推理與類比推理兩種。

一、歸納推理

所謂**歸納推理 (induction)** 是指考察一些情況後，找出其中的規律性，然後得到結論。歸納推理的種類可分成完全歸納推理與不完全歸納推理兩種，其中完全歸納推理是經過考察所有情況後，然後得到結論。至於不完全歸納推理則是經過考察部分情況後，得到結論。

例如：老張家裡有三個小孩，老大政大畢業、老二清大畢業、老三交大畢業，我們就可利用完全歸納推理得到結論：老張家的孩子都是國立大學畢業，這是因為我們考察了所有情況而推得結論。但若老張家裡有四個小孩，我們由前三個小孩的表現推理下結論：「老張家的孩子都是國立大學畢業」或者「第四個小孩也是國立大學畢業」則是不完全歸納推理。當然不完全歸納推理有時可得正確的結論，有時則否。事實上，如何在僅考察部分情況下，就得到正確的結論，這已發展成所謂的**推論統計學 (inferential statistics)**，在此不細述，若讀者有興趣，

邏輯入門

胡適 (1891～1962 年)

胡適的五四運動 (又名新文化運動) 提倡白話文，讓白話文得以抬頭。胡適在文史方面也有研究，曾任中研院院長。台北市南港區中研院正門的對面，有個胡適公園，胡適即長眠於此。

可自行參閱統計學書籍。

一般而言，若我們可以用完全歸納推理，就直接用完全歸納推理，千萬不要故意使用不完全歸納推理。可是，有些情況 (如例題 6-4 與例題 6-5) 就是無法使用完全歸納推理，在這種情況下，用不完全歸納推理幫助我們下結論，還是比完全沒有依據、胡亂猜測好很多。再者，很多科學上的重大發現其實源自於實驗。由實驗結果推論到所謂的定律，其實就是不完全歸納推理 (這也正是我們不斷修正所謂定律的原因)，而就是這些不完全歸納推理，人類的文明得以進步。若是一味追求完美與嚴謹，不敢大膽假設，而故步自封，人類的文明就停滯不前了。所以胡適說要「大膽假設，小心求證」就是這個道理。

接下來，先以數學史上相當著名的例子介紹完全歸納推理。

例題 6-1

有「數學王子」之稱的高斯，十歲的時候，數學老師給全班同學出一道數學題目：$1 + 2 + 3 + 4 + \cdots + 97 + 98 + 99 + 100 = ?$

你知道高斯如何利用歸納推理快速算出答案嗎？

108

第六章　非演繹推理

解 聰明的高斯用歸納推理發現：

$1 + 100 = 101$

$2 + 99 = 101$

$3 + 98 = 101$

以此類推。因 1 到 100 中有 50 組 101，所以

$1 + 2 + 3 + 4 + \cdots + 97 + 98 + 99 + 100 = 101 \times 50 = 5050$

高斯 (Johann Carl Friedrich Gauss, 1777～1855 年)

高斯是德國數學家、天文學家。高斯被認為是史上三大數學家之一 (另外兩位是牛頓與阿基米得)，也是少數肖像印在鈔票 (1989～2001 年流通的德國十馬克紙鈔) 上的數學家，還有「數學王子」之美譽。有關其生平趣事，除了例題 6-1 之外，還有他三歲就無師自通學會算術，甚至能糾正父親帳目上錯誤的軼事。他在數學上成就無法細數，例如：我們在中學學的二項式定理等。他也是第一位有系統將幾何學由平面幾何 (歐氏幾何) 推廣到曲面幾何的學者，正因他在曲面幾何的研究，使測量學 (可用來畫地圖) 的技術大幅躍進，但當時的學者無法欣賞其成就。在百年後，愛因斯坦的相對論問世，證明了宇宙空間實際上是非歐氏幾何，高斯的成就更顯耀眼。他的成就還不止於此，電報 (與韋伯合作) 的發明與天文學處處都有高斯的研究，《丈量世界》一書就是以高斯為二位主角之一的科普傳記。

邏輯入門

例題 6-2

自從醫、藥分開後，我們看完醫生，醫生總會開處方箋，要我們到藥房去領藥。某日，小李去藥房領藥時，只見藥劑師拿了一個無蓋的等邊三角形盒子輕輕抖了一下，藥丸就整齊地排好隊，如圖 6-1，然後藥劑師一看就知道有幾顆藥丸，請問藥劑師如何辦到？

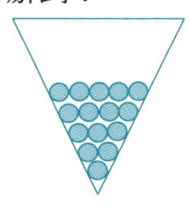

圖 6-1

解 事實上，這就是利用歸納法計算出共有幾顆藥丸。其推論過程如下：

首先，假設第 n 層總共有藥丸數 S_n。因第一層有 1 顆藥丸，故總共藥丸數 $S_1 = 1$。而第二層有 2 顆藥丸，故總共藥丸數 $S_2 = S_1 + 2 = 1 + 2$。第 $n-1$ 層有 $n-1$ 顆藥丸，所以

$$S_{n-1} = S_{n-2} + (n-1)$$
$$= 1 + 2 + 3 + \cdots + (n-2) + (n-1)$$
$$= \frac{(n-1)[1+(n-1)]}{2} = \frac{(n-1)n}{2}$$

既然第 n 層有 n 顆藥丸，所以

$$S_n = S_{n-1} + n = \frac{n(n-1)}{2} + n$$
$$= \frac{n^2 - n + 2n}{2} = \frac{n(n+1)}{2}$$

因此，這位藥劑師看到盒內有 5 層藥丸，然後利用 $n = 5$ 代入上式，便知道共有 $\frac{5 \times 6}{2} = 15$ 顆了。

第六章　非演繹推理

科學上有很多重大發現就是根基於歸納法。至於數學上，我們也會用歸納法去推測或證明公式。但利用歸納法猜測公式後，常常還是要用所謂的「數學歸納法」證明。

以欲證明某敘述 S_n 為例，其中 n 是任何大於或等於 n_0 的自然數。想當然爾，我們不可能逐一檢驗 (因有無窮多個 n)。為了數學上的嚴謹，數學歸納法有一定的格式，如下所示：

1. 首先檢驗 $n = n_0$ 時 (n_0 指欲證明題目中 n 的最小數)，S_{n_0} 成立。
2. 假設 $n = k$ 時，S_k 成立。
3. 以 1.、2. 為前提，去證明 $n = k + 1$ 時，S_{k+1} 必成立。

例題 6-3

利用數學歸納法證明：若 n 為自然數，則 $10^n + 3 \times 4^n + 5$ 必為 9 的倍數。

證 (1) 當 $n = 1$ 時，$10^1 + 3 \times 4^1 + 5 = 27$ 是 9 的倍數。

(2) 假設 $n = k$ 時，$10^k + 3 \times 4^k + 5$ 為 9 的倍數，
即 $10^k + 3 \times 4^k + 5 = 9q$，其中 q 是正整數。

(3) 當 $n = k + 1$ 時，
$$10^{k+1} + 3 \times 4^{k+1} + 5 = 10 \times 10^k + 3 \times 4 \times 4^k + 5$$
$$= 10 \times 10^k + 12 \times 4^k + 5$$
$$= (9 + 1) \times 10^k + (9 + 3) \times 4^k + 5$$
$$= 9 \times 10^k + 10^k + 9 \times 4^k + 3 \times 4^k + 5$$
$$= 9[10^k + 4^k] + [10^k + 3 \times 4^k + 5]$$
$$= 9[10^k + 4^k] + 9q$$
$$= 9[10^k + 4^k + q]$$

故可得證 $10^n + 3 \times 4^n + 5$ 必為 9 的倍數。

邏輯入門

接下來,我們舉些不完全歸納推理的例題,此種狀況多用於「我們不可能逐一試驗」且無法證明的情形。例如:某公司想買 100 打燈泡,實際上不可能逐一試驗每一個燈泡是否正常無故障,只能從中測試幾個來決定整體品質的好壞。

例題 6-4

小葉去溪湖玩,想買葡萄回家吃,但又怕買到不好吃的葡萄,於是試吃看看好不好吃。小葉吃第一顆葡萄時,感覺不錯。小葉再吃第二顆葡萄時,感覺好吃。小葉吃下第三顆葡萄時,感覺真是好吃。於是,小葉買了一箱葡萄回家,準備給自己吃或分送親朋好友吃。請問小葉的立論依據為何?

解 小葉就是利用不完全歸納推理,因為事實上,我們不可能試吃整箱葡萄。

例題 6-5

某製造易開罐工廠品管人員,由今天製造出來的鐵罐中抽取 100 個,經由壓力檢測後,發現合格的有 80 個,於是推論:今天製造的鐵罐不良率為兩成。請問此品管人員的立論依據為何?

解 這是不完全歸納的推理,因為只是抽取今天製造鐵罐的其中 100 個,不是全部完成檢測。

正如前述,不完全歸納推理有時會得不正確的結論。現在,我們舉例說明。

第六章 非演繹推理

例題 6-6

小美告訴阿英：我一歲時身高不到 150 公分，兩歲時身高不到 150 公分，⋯，到現在十歲了，身高還是不到 150 公分，所以，我的身高永遠不到 150 公分。試問：這種不完全歸納推理正確嗎？

解 這種不完全歸納推理就出現很嚴重的以偏概全錯誤，因此不正確。

例題 6-7

若依家庭社經地位，可將美國家庭分成五等：窮苦人家、技工家庭、中產階級、高階專業人士家庭與上流社會。根據非官方抽樣調查，美國的窮人多以籃球為運動；而技工家庭出身多以美式足球為運動；一般中產階級多以棒球為運動；高薪階級的專業人士多以網球為運動；上流社會多以高爾夫球為運動。請問你是否可推得「錢愈多的家庭，玩的球愈小」的結論？

解 利用不完全歸納推理確實可推得「錢愈多的家庭，玩的球愈小」的結論。但因這結論是不完全歸納推理得到的結論，因此，以現有資料無法確定結論誤差是多少，而這些複雜的討論必須利用推論統計學，在此省略。

由例題 6-7，我們發現有時候不完全歸納推理得到的結論會出現偏差，因此現在要討論，不完全歸納推理應注意的事項。

為了增強不完全歸納推理的準確性，使用不完全歸納推理至少要遵守下列三個原則：

1. 考察元素數量要多。例如：用抽取 5 顆都是白球來推論袋子中 1000 顆球一定是白球，是不太合理的。
2. 類別要廣。例如：用台北市的收視率調查來推論全台灣的收視率調查也是不太合理的，因類別不夠廣，中南部與離島等地區均未涵蓋，因此，調查結果將與實際狀況有出入。
3. 不能有反例出現。例如：長得帥的男生花心、漂亮的女生不聰明等常見的偏見也都可找到反例。所以這些情況，我們都不能用不完全歸納推理來推得結論。

事實上，如何利用不完全歸納推理推得良好結論，其中很大的關鍵在於「抽樣」，這在統計學將有深入討論，在此僅簡介抽樣誤差大致的種類。

常見的抽樣誤差有涵蓋不全、無回應、回應誤差、處理誤差四種。所謂涵蓋不全是指在選樣過程中有些部分根本未被納入選擇範圍。無回應是指無法得到已經被選入樣本中的個體資料，如連絡不上受訪對象或受訪對象拒絕合作。回應誤差是指受訪者本身無意或蓄意隱瞞。目前為止，雖然受過訓練的訪問員及良好的問卷設計可以大幅降低回應誤差，但對無回應（最嚴重的抽樣誤差）的問題仍一直無法有效解決。有一家民調公司做過內部統計，不回應率竟高達原始樣本的 75%～80%。這種資訊的流失，實在是從事統計工作者亟需改善的課題。

至於處理誤差方面，當你要解讀一些調查結果時，首先應該先了解以下幾個會影響結果的問題，如此一來，在解讀結果時，才能儘量避免不必要的誤差。

1. 誰做的調查？一般而言，專業機構為了名聲，會比較用心做調查。

第六章　非演繹推理

2. 母體是什麼？也就是說，調查是想尋求哪些人的意見。
3. 樣本是怎樣選取的？注意看他們有沒有隨機抽樣，隨機抽樣的方法是哪一種。
4. 樣本多大？除了樣本大小以外，最好還要考慮精確度的評估，像考慮信賴區間等問題。
5. 應答率多少？也就是說，原來預定的受訪對象中有百分之多少確實提供了資訊。
6. 用什麼方式連絡受訪者？電話、郵寄或面對面訪談等。
7. 調查是什麼時間做的？是不是剛好在一個可能影響結果的事件發生之後。
8. 問題確實是怎樣問的？是否有誘導受訪者作答的疑慮。

例題 6-8

1989年，紐約市選出第一位黑人市長。當時民調和實際結果有極大的落差。你覺得為何有此一誤差？

解 相信在選舉頻繁的台灣，大家心中多少有數。建議本題使用討論的方法來找出答案。

例題 6-9

全國健康調查訪問大家去年一整年一共看診幾次，所得之答案和健保局統計之平均數目差很多（健保局平均數較高），你怎麼解釋這種現象？

解 同上題，使用討論的方法找出答案。

例題 6-10

美國某證券交易商想調查民眾持有股票之情況。他們設計了一份問卷，其中有一題問到：「是否擁有股票 (stock)？」結果發現：美國德州答「是」的比率出乎意料的高，為什麼？

解 因為 stock 有二種涵義：一為股票，一為牲口，而德州為美國的農牧區，很多德州居民誤以為問他們：「是否有牲口？」由此例可知，問卷的設計，題意不清楚造成嚴重的誤差。

二、類比推理

所謂**類比推理 (analogy)** 就是根據兩個或兩種不同的對象，他們在某些特質上有相同之處，而且其中一個對象又有另外一個特質時，於是推論另一個對象也擁有這一個特質。其形式為：

前提 1：A 有性質 C。
前提 2：B 類似 A。
類比推理：B 有性質 C。

翻開歷史，利用類比推理來發明東西或悟出道理的例子實在不少，例如：1645 年，英國化學家波義耳，因不小心將鹽酸濺到紫羅蘭的花瓣上，於是，趕緊將紫羅蘭放入水中清洗，結果發現紫色的花瓣變成紅色的花瓣。因此，利用類比推論去做一系列的實驗，發現：若利用地衣類植物的溶解液，遇酸變紅，遇鹼變藍，這就是石蕊試紙的發明。

第六章　非演繹推理

波義耳 (Robert Boyle, 1627～1691 年)

波義耳是愛爾蘭科學家。1660 年，他發表其最出名的成就：在恆溫下，氣體的體積與壓力成反比。然此一結果其實亦由法國的馬略特獨立發現，只是他一直到 1670 年才發表。因此，此一發現在英語系國家，被稱為「波義耳定律」，但在歐陸，則被稱為「馬略特定律」。

又如：李白小時候看見一位老婆婆在河邊磨鐵杵，於是上前問老婆婆在做什麼？老婆婆告訴他：「要將鐵杵磨成繡花針。」李白十分訝異地說：「這怎麼可能？」老婆婆說：「天下無難事，只怕有心人。」於是，李白深受感動，在自己求學態度上做了很大的改變，不怕困難與挫折，努力用功加上堅持與耐心，終於成為一代詩仙。

李白 (701～762 年)

李白是唐朝著名詩人，有「詩仙」之美譽，與另一著名詩人杜甫 (有「詩聖」美譽) 為好友，世稱「李杜」。李白的出生地其實是在現今中亞地區的吉爾吉斯。有關他的軼聞很多，如水中撈月而死。他的作品高達九百多首，如《靜夜思》、《將進酒》都是流傳千古的絕妙好詩。他唯一的真蹟《上陽臺帖》現存於北京故宮。

邏輯入門

再例如：唐朝王建詩作「新嫁娘」是如此寫的：「三日入廚下，洗手作羹湯，未諳姑食性，先遣小姑嘗。」就是新嫁娘利用小姑品嘗羹湯的反應去推論婆婆的口味，這也是運用類比推理去刻劃出新嫁娘初為人妻小心謹慎的態度。

接下來我們利用幾個例子來仔細分析類比推理的推理過程。

例題 6-11

科學家伽利略有一次上課時問學生：「當水溫升高時(如沸騰時)，水為什麼會在容器內上升？」學生回答：「因為熱脹冷縮啊！水加熱體積會膨脹，所以會上升。」聽了學生的回答，伽利略靈機一動，做起實驗，他在一根很細的試管內裝水，排出空氣加以密封，並在試管畫上刻度，於是發明了世界上第一支溫度計。當然，經過後人大量實驗，發現將管內的水換成酒精或水銀可使得靈敏度提高，這就是現在的溫度計。請問伽利略是利用何種推理去做實驗？

解 類比推理。伽利略之推理過程如下：
前提1：水在容器中遇熱，體積會膨脹。
前提2：試管是一種容器。
類比推理：水在試管內遇熱時，水也會上升。

例題 6-12

春秋時魯國有位巧匠魯班，有一天他上山砍柴，手指不小心被一種絲芽草割破(絲芽草是一種葉片兩邊有許多小細齒的植物)。於是魯班就去找鐵匠，做了一條帶齒的鐵片，拿來鋸樹木，果然很輕易地把樹木鋸倒，因此發明鋸子。試問：魯班如何利用類比推理思考出可利用帶齒的鐵片去鋸樹木？

第六章　非演繹推理

伽利略 (Galileo Galilei, 1564～1642 年)

伽利略是史上第三大物理學家。他將亞里士多德的實做精神精緻化，建立了現代科學「實驗一模型一理論一修正」的思維。他最著名的實驗大概就是比薩斜塔上的自由落體實驗(此實驗也因此推翻了亞里士多德的理論)。數百年後，阿波羅 15 號的太空人在月球上以一把錘子與一根羽毛重複了伽利略此一著名的實驗，再次證實伽利略的理論。只可惜伽利略因天體觀察而支持哥白尼的「太陽中心論」而受到宗教迫害，必須做出承認自己錯誤的聲明。直到百年後，1741 年，教宗本篤十四世才准許出版伽利略的著作。1983 年，羅馬教廷正式承認數百年前宗教法庭對伽利略的審判是錯的。1992 年，教宗若望保祿二世對伽利略致歉，並恢復伽利略的名聲。

解 魯班運用類比推理過程如下：
前提 1：絲芽草有許多小細齒，而且絲芽草會割破手指。
前提 2：鐵片上刻有許多小細齒。
類比推理：鐵鋸能把樹木鋸斷。

魯班 (約前 507 年～前 444 年)

魯班是春秋末期一位著名工匠，被尊為建築、木工等行業的祖師爺。魯班其實非本名，只是流傳最廣的稱呼，至於其姓名已不可考。相傳鋸子 (例題 6-12)、曲尺與雲梯都是魯班的發明。

邏輯入門

類比推理，因其為非必然推理，其結論並不是必然的，因此，為了提高運用類比推論的正確性，必須注意下列幾點原則：

1. 前提相同必須是本質相同，而不是外表相同。例如：媽媽對著專心看電視的小寶說：「你真是不懂事，我跟你說了半天的話，都不回答。」隔日，媽媽從廚房出來，看見小寶很生氣對著小狗說：「你真是不懂事，我跟你說了半天的話，都不回答。」這裡小寶雖然用類比推理，但忽略了媽媽是對人講話，而小寶是對狗講話，兩者有很大的不同，不能強用類比推理。

2. 前提相同的特質愈多愈好。例如：已知阿美身高 160 公分，體重 80 公斤，個性悲觀。又已知阿妹身高 160 公分，體重 80 公斤。因為身高、體重與樂觀、悲觀沒有必然的關係，所以我們不能妄下定論：阿妹很悲觀。

例題 6-13

相傳西施這位美人，常犯心疼，每次心疼時，總是用手捂胸、皺眉，一副楚楚可憐的樣子。西施有位鄰居叫東施，長得較醜，見西施捂胸、皺眉的樣子很美，於是模仿西施，也用雙手捂胸、皺眉，以為自己這樣做也會很美。不過，看過的人都覺得東施這樣做，醜死了。這就是東施效顰的故事。請問以邏輯觀點來看，東施運用什麼推理？又結論是否恰當。

解 東施運用的就是類比推理，不過，其結論卻不恰當。此例題亦告訴我們類比推理的結論不是必然的。

西施 (春秋人，生卒年不可考)

西施是古代四大美人之一 (另外三人是王昭君、貂蟬及楊貴妃)。她因貌美被越王勾踐進獻吳王夫差，以迷其心智助越王復國，因此也有人認為西施是史上第一位女間諜。有關西施的成語很多，例題 6-13 提的「東施效顰」就是其中之一。現今中國浙江仍有越國古都城門等遺跡。

坊間流行的腦筋急轉彎，也有些利用類比推理製造笑料，如例題 6-14。

例題 6-14

請回答下列問題。
(1) 什麼老鼠用兩隻腳走路？(提示：迪士尼卡通人物)
(2) 什麼鴨子用兩隻腳走路？

解 (1) 米老鼠。
(2) 若你答「唐老鴨」，很顯然就是因類比推理而被第一題所誤導，但事實上，正常的鴨子都是用兩隻腳走路。

邏輯 入門

習 題

1. 利用數學歸納法證明：$1 + 2 + 3 + \cdots + n = \dfrac{n(n+1)}{2}$。

2. 畢達哥拉斯學派發表過三角數和四角數，其中第 n 個三角數 (以 S_n 表示) 之圖形為圖 6-1 的顛倒圖形，如圖 6-2。

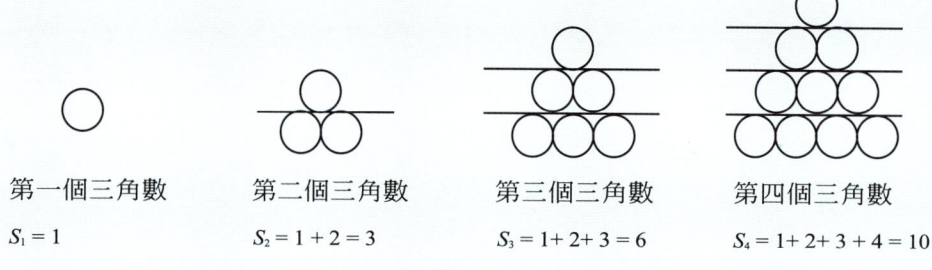

第一個三角數　　第二個三角數　　第三個三角數　　第四個三角數
$S_1 = 1$　　　　$S_2 = 1 + 2 = 3$　　$S_3 = 1 + 2 + 3 = 6$　　$S_4 = 1 + 2 + 3 + 4 = 10$

圖 6-2

至於第 n 個四角數 (以 S_n 表示) 就是表示第 n 層四角形總共的圓圈數目，其圖形如圖 6-3。

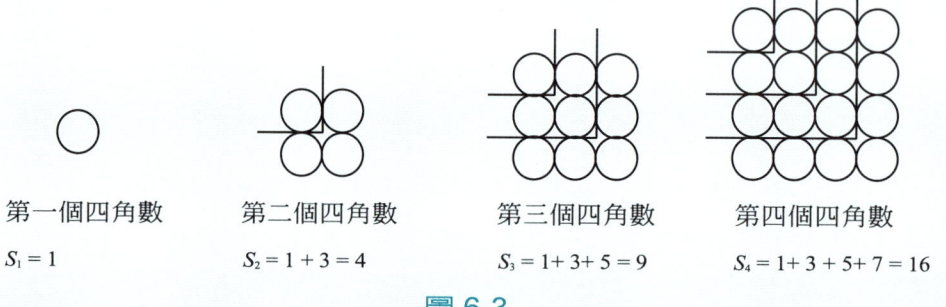

第一個四角數　　第二個四角數　　第三個四角數　　第四個四角數
$S_1 = 1$　　　　$S_2 = 1 + 3 = 4$　　$S_3 = 1 + 3 + 5 = 9$　　$S_4 = 1 + 3 + 5 + 7 = 16$

圖 6-3

現在，試利用數學歸納法證明第 n 個四角數 S_n 為

$1 + 3 + \cdots + (2n - 1) = n^2$。

3. 若 n 為自然數，利用數學歸納法求證下列各式。

(1) $1 + 2 + 3 + \cdots + (n-1) + n + (n-1) + \cdots + 3 + 2 + 1 = n^2$

(2) $1^2 + 2^2 + 3^2 + \cdots + n^2 = \dfrac{1}{6} n (n+1)(2n+1)$

(3) $1^3 + 2^3 + 3^3 + \cdots + n^3 = \left[\dfrac{1}{2}n(n+1)\right]^2$

(4) n 項等比級數公式 $S_n = \begin{cases} \dfrac{a_1(1-r^n)}{1-r}, & r \neq 1 \\ na_1, & r = 1 \end{cases}$，其中 a_1 為首項，r 為公比。

(5) $9^{n+1} - 8n - 9$ 為 64 的倍數。

(6) $(1+p)^n \geq 1 + np$，其中 $p \geq -1$。

4. 某縣約有 35 萬人口，投票人口約 26 萬人，人口結構中主要包括原住民、閩南人、客家人及外省族群，其中原住民約 8 萬人，閩南人約 12 萬人，客家人約 10 萬人，外省族群約 5 萬人。某電視台欲進行下一屆總統大選支持 A 政黨與 B 政黨候選人之民調，於是在各族群內抽取 30 人進行調查，請問這家電視台的調查有沒有缺失？如果有，是哪裡出現問題？應如何改進才能提高正確性？

5. 試由下表之敘述回答下列各問題。

finite (有限的)	infinite (無限的)
equality (平等)	inequality (不平等)
dependent (依賴)	independent (獨立的)
effective (有效的)	ineffective (無效的)
expensive (昂貴的)	inexpensive (便宜的)
sane (理智的)	insane (不理智的)

(1) 由上表中的左欄與右欄比較，你會下什麼推論？

(2) 承 (1)，這種推理是屬於何種推論？

(3) 承 (1)，這種推理妥當嗎？若不妥當，請舉例說明。

6. 試舉一例來說明類比推論的不當之處 (不可與課本例題相同)。

7. 父親拿到兒子小華的成績單，不禁生氣地對小華說：「你真沒出息，華盛頓在你這個年齡時，早已是名列全校第一名的佼佼者。」兒子小華不甘示弱的說：「爸爸，華盛頓在你這年紀時，早已當上總統了。」

請問：小華運用什麼推理？

8. 某天，小華與小明去夜市吃豬血湯，可是小華卻發現裡面竟然沒有任何一塊豬血，很生氣大叫：「怎麼回事，連一塊豬血都沒有，怎麼叫做豬血湯？」小明回答：「那你說，王子麵內有王子嗎？」請問小明運用什麼推理？

9. 某漂亮演員說：「到目前為止，我每次生日歲數都小於三十歲，所以，以後我所有的生日歲數都小於三十。」請問這是運用何種推理？又此演員所下的結論是否正確？

10. 水桶是用來裝「水」的，那馬桶是用來裝「馬」的？試問利用何種推理？又此結論是否正確？

第七章 符號邏輯

　　前幾章，我們用比較生活的角度來切入邏輯。本章，我們介紹的概念其實和前面相同，只是改成較數學、較抽象的符號方式來呈現邏輯。目的是想帶領大家進入較抽象層面的思考，因為複雜的邏輯思考，若利用較數學、較抽象的符號來進行推理，可達意想不到的簡化作用，這不只對「敘述」之了解可以更透徹，對各種演繹推理之掌控也能更加容易。雖然有些人不太喜歡符號的形式，不過本書會儘量深入淺出的介紹，讓大家在不知不覺中學會符號的運用，並達成邏輯的判斷與推理。倘若還是排斥符號，那就直接跳過本章，因為這並不影響第八章與第九章的學習，畢竟快樂的學習還是很重要的。

　　符號邏輯屬數理邏輯的一部分，此部分和十九世紀末新興的新數學基石——集合論——息息相關。數理邏輯本身也是十九世紀末新興的邏輯分支，其理念是「符號可以幫我們簡化問題，進而解決問題。此外，符號可以幫我們將事物抽象化，將其精華取出，再應用到更廣大的地方。」此一概念在數學中，處處可見，在此就不多說了。不過，雖然在本章才正式進入符號邏輯，我們其實在前面已有用符號(例如以 P 代表某敘述)幫助說明，所以適切使用符號的確可以幫助我們方便行事。

　　符號邏輯的大力倡導者是英國哲學家羅素。第三章曾提及他與愛因斯坦共同發表反核宣言。羅素之所以醉心於符號邏輯

的主因是他認為使用符號比較能釐清概念，而這對哲學家而言，是非常重要的。事實上，符號的掌握對數學更是重要，而羅素本人也因對符號邏輯的深刻了解而對「集合論」有所貢獻 (將於例題 8-3 中介紹)。

羅素 (Bertrand Arthur William Russell, 3rd Earl Russell, 1872～1970 年)

英國人，是二十世紀最重要的哲學家與邏輯學家之一，1950 年獲諾貝爾文學獎。羅素雖是著名學者，但卻不是獨自關在象牙塔的類型。詩人徐志摩當年遠赴英倫，就是想拜羅素為師，但當時他不在劍橋，失望之餘的徐志摩因而寫下了著名詩作「再別康橋」(當時稱劍橋為康橋)。羅素雖是貴族出身，但作風開明前衛，曾因反戰、提倡試婚而遭撤除教職，甚至還以 89 歲高齡參加反核遊行而被拘禁 17 天。

一、符　號

在符號邏輯中，我們將前面各章所介紹之敘述以 P、Q、R、…等英文大寫字母表示。至於聯言敘述之連接詞「且」、選言敘述之連接詞「或」、假言敘述連接詞「若…，則…」、否定句之連接詞「非」，及互為充要條件的符號邏輯說法「若且唯若」均以符號表示，其對應情形如表 7-1。

表 7-1

連接詞	符號
且	∧
或	∨
非	¬
若⋯，則⋯	→
若且唯若	↔

由上表，我們可以很輕易的把前面介紹過的敘述，利用符號來表示。例如：若 P 表示「小丸子喜歡蘭花」，Q 表示「小玉喜歡蘭花」，則

1. 「小丸子和小玉都喜歡蘭花」之符號表示法為 $P \wedge Q$。

2. 「並非小丸子和小玉都喜歡蘭花」之符號表示法為 $\neg(P \wedge Q)$。

3. 「小丸子不喜歡蘭花或小玉不喜歡蘭花」之符號表示法為 $(\neg P) \vee (\neg Q)$。

4. 「若小丸子喜歡蘭花，則小玉也喜歡蘭花」之符號表示法為 $P \to Q$。

5. 「小丸子喜歡蘭花若且唯若小玉喜歡蘭花」之符號表示法為 $P \leftrightarrow Q$，代表「若小丸子喜歡蘭花，則小玉也喜歡蘭花；若小丸子不喜歡蘭花，則小玉也不喜歡蘭花。」

    註：這只是代表小丸子和小玉或者同時喜歡蘭花，或者同時不喜歡蘭花，二者必居其一且不會同時成立。

例題 7-1

若 P 表「$(x-2)(y-3)=0$」，Q 表「$x=2$」，R 表「$y=3$」，則 P、Q、R 之間的關係為何，請以符號邏輯方式表示。

邏輯入門

> **解** P 表「$x = 2$ 或 $y = 3$」，Q 表「$x = 2$」，R 表「$y = 3$」，所以 P、Q、R 之間的關係是 $P = Q \vee R$。

例題 7-2

若 P 表「$x = 1$」，Q 表「$y = 2$」，R 表「$z = -1$」，則方程式 $(x-1)[(y-2)^2 + (z+1)^2] = 0$ 的解，該如何利用符號邏輯方式表示？

> **解** 此方程式的解是「$x = 1$」或「$y = 2$ 且 $z = -1$」，所以用符號邏輯方式表示為 $P \vee (Q \wedge R)$。

例題 7-3

若 P 表「$x > 2$」，Q 表「$x < 1$」，則方程式 $x^2 - 3x + 2 \leq 0$ 的解，該如何利用符號邏輯方式表示？

> **解** $x^2 - 3x + 2 = (x-2)(x-1) \leq 0 \Rightarrow 1 \leq x \leq 2$
> 因 P 表「$x > 2$」，故 $\neg P$ 表示「$x \leq 2$」，
> 又 Q 表「$x < 1$」，故 $\neg Q$ 表「$x \geq 1$」。
> 因此，$1 \leq x \leq 2$ 可以表示成
> $(\neg P) \wedge (\neg Q)$ 或者 $\neg(P \vee Q)$。
> 即原方程式的解為
> $(\neg P) \wedge (\neg Q)$ 或寫成 $\neg(P \vee Q)$。

例題 7-4

若 P 表「某人 x 住在台灣」，Q 表「某人 x 住在新竹縣」，則 P、Q 之間有何關聯？

解 因新竹縣位於台灣內，所以可得：「若某人 x 住在新竹縣，則某人 x 住在台灣。」故為 $Q \rightarrow P$。

例題 7-5

若 P 表「$\triangle ABC$ 是等腰三角形」，Q 表「$\triangle ABC$ 中有兩內角相等」，則 P、Q 之間有何關聯？

解 因為「等腰三角形」與「有兩內角相等的三角形」之間的關係互為充要條件，即 P 若且唯若 Q，故為 $P \leftrightarrow Q$。

二、真值表

在介紹真值表之前，先複習複合敘述。所謂**複合敘述**就是非簡單敘述的敘述，也就是複合敘述可用若干個簡單敘述加上 $\wedge$、$\vee$、$\neg$、$\rightarrow$、$\leftrightarrow$ 表之。

邏輯的領域中，判斷敘述之「真、假」十分重要。對於簡單敘述，我們可直接判斷其真假，但對於複合敘述 (即非簡單敘述，例如：聯言敘述、選言敘述、假言敘述等都是)，我們往往會先利用符號邏輯來化簡原敘述，進而判斷其真假。問題是：我們如何確定經化簡後的敘述，與原敘述有相同的意義呢？在邏輯學中，兩個敘述具有一樣的意義稱為等價。其實兩個敘述

等價就是第三章所說的同義句。而在符號邏輯中，若兩個敘述不論在眞值表(於下一段介紹)的何種狀況下，眞假值均相同，我們就稱之爲等價，其符號表示法爲「=」。要注意的是：兩個敘述只要在其中一種狀況下，其眞假值不同，則稱此兩個敘述不等價，其符號表示法爲「≠」。那麼，什麼是眞值表呢？

眞值表是利用各簡單敘述之<u>眞 (truth)</u>、<u>假 (false)</u> 來判斷複合敘述眞假值的方法。作法如下：

1. 先將複合敘述(例如：聯言敘述、選言敘述、假言敘述等)拆成若干個簡單敘述與一些連接詞。
2. 將每一個簡單敘述以 P、Q、R、…等符號代表之。
3. 將連接詞 (例如：「非」、「且」、「或」、「若…，則…」、「若且唯若」) 等以符號表示，各符號之表示法見表 7-1。
4. 再一一列出所有可能的情況，因敘述可判斷眞假，所以每一個簡單敘述都分成眞 (以 T 表示) 與假 (以 F 表示) 兩種狀況，而這二者必居其一且不會同時成立。最後依眞值表的規則 (介紹如下)，一一推導出原敘述的眞假值。

接下來，讓我們介紹眞值表的規則。這些規則和我們前面第三章、第四章介紹的觀念相符。

1. 否定 P (寫成 $\neg P$)：P 的眞假值與 $\neg P$ 的眞假值，無論如何絕不相同。

P	$\neg P$
T	F
F	T

2. P 且 Q (寫成 $P \wedge Q$)：唯有在 P 與 Q 均爲眞的狀況下，$P \wedge Q$ 才爲眞；其餘狀況，$P \wedge Q$ 之結果均爲假。

P	Q	$P \wedge Q$
T	T	T
T	F	F
F	T	F
F	F	F

3. P 或 Q（寫成 $P \vee Q$）：唯有在 P 與 Q 均為假的狀況下，$P \vee Q$ 才是假；其餘狀況，$P \vee Q$ 均為真。

P	Q	$P \vee Q$
T	T	T
T	F	T
F	T	T
F	F	F

4. 若 P，則 Q；或說成「唯有 Q 才有 P。」（寫成 $P \rightarrow Q$）：唯有在 P 為真且 Q 為假的狀況下，$P \rightarrow Q$ 之結果才為假；其餘狀況，$P \rightarrow Q$ 之結果均為真。

P	Q	$P \rightarrow Q$
T	T	T
T	F	F
F	T	T
F	F	T

例題 7-6

試做下列真值表：(1) $P \vee \neg Q$，(2) $P \rightarrow (P \vee Q)$，(3) $P \leftrightarrow Q$。

解 P 可分成 T、F 兩種狀況；Q 也可分成 T、F 兩種情況。所以 P 與 Q 合併考慮共可分成四種狀況，如下所示：

P	Q
T	T
T	F
F	T
F	F

接下來，再依題意，並依真值表的規則，可得表如下：

(1)

P	Q	$\neg Q$	$P \vee \neg Q$
T	T	F	T
T	F	T	T
F	T	F	F
F	F	T	T

(2)

P	Q	$P \vee Q$	$P \to (P \vee Q)$
T	T	T	T
T	F	T	T
F	T	T	T
F	F	F	T

(3) 注意：$P \leftrightarrow Q$ 表示 $P \to Q$ 且 $Q \to P$。而本題之真值表如下：

P	Q	$P \to Q$	$Q \to P$	$(P \to Q) \wedge (Q \to P)$
T	T	T	T	T
T	F	F	T	F
F	T	T	F	F
F	F	T	T	T

接下來，我們想利用真值表來回顧第三章常見句型的否定句與假言敘述的同義句。

例題 7-7

試以真值表說明：$\neg(\neg P) = P$。

解 P 只有兩種情形：P 為真或 P 為假，所以製得真值表如下。

P	$\neg P$	$\neg(\neg P)$
T	F	T
F	T	F

比較第一行及第三行，可看出此二者完全一樣，所以 $\neg(\neg P) = P$。

本題旨在說明第三章的雙重否定敘述 P，與原來的敘述 P 是相同的。

例題 7-8

試以真值表說明：(1) $\neg(P \wedge Q) = \neg P \vee \neg Q$，(2) $\neg(P \vee Q) = \neg P \wedge \neg Q$。

解 P 可能為真，也有可能為假；同理，Q 可能為真，也有可能為假。所以將 P 與 Q 所有的可能性合併考慮之後，一共有四種情形，並分別依真值表的規則填表，可得下表：

(1)

P	Q	$P \wedge Q$	$\neg(P \wedge Q)$	$\neg P$	$\neg Q$	$(\neg P) \vee (\neg Q)$
T	T	T	F	F	F	F
T	F	F	T	F	T	T
F	T	F	T	T	F	T
F	F	F	T	T	T	T

可看出第四行與第七行完全一樣，所以可得

邏輯入門

$$\neg(P \wedge Q) = (\neg P) \vee (\neg Q)$$

本小題旨在說明第三章中，「P 且 Q」的否定句為「非 P 或非 Q」。

(2)

P	Q	P∨Q	¬(P∨Q)	¬P	¬Q	(¬P)∧(¬Q)
T	T	T	F	F	F	F
T	F	T	F	F	T	F
F	T	T	F	T	F	F
F	F	F	T	T	T	T

可看出第四行與第七行一模一樣，所以

$$\neg(P \vee Q) = (\neg P) \wedge (\neg Q)$$

本小題旨在說明「P 或 Q」的否定句為「非 P 且非 Q」。

例題 7-9

試以真值表說明：$P \to Q = \neg Q \to \neg P$。

解 直接用真值表說明如下。

P	Q	P→Q	¬Q	¬P	¬Q→¬P
T	T	T	F	F	T
T	F	F	T	F	F
F	T	T	F	T	T
F	F	T	T	T	T

既然第三行和第六行一樣，所以得證

$$P \to Q = \neg Q \to \neg P$$

本題旨在說明「若 P，則 Q」的同義句為「若非 Q，則非 P」。

例題 7-10

試以真值表說明：$P \to Q = \neg P \vee Q$。

解 直接用真值表說明如下。

P	Q	$\neg P$	$\neg P \vee Q$	$P \to Q$
T	T	F	T	T
T	F	F	F	F
F	T	T	T	T
F	F	T	T	T

由上表，我們發現第四行與第五行完全相同，故得證題目。本題旨在說明「若 P，則 Q」之同義句亦為「非 P 或 Q」。

現將剛剛所推出之常用邏輯規則陳列於下：

$$\neg(\neg P) = P$$
$$\neg(P \wedge Q) = \neg P \vee \neg Q$$
$$\neg(P \vee Q) = \neg P \wedge \neg Q$$
$$P \to Q = \neg Q \to \neg P$$
$$P \to Q = \neg P \vee Q$$

有了上面規則，有時不用真值表，就可直接導出敘述的等價敘述。

例題 7-11

說明：$\neg(P \to Q) = P \wedge \neg Q$。

解 $\neg(P \to Q) = \neg(\neg P \vee Q) = (\neg(\neg P)) \wedge (\neg Q) = P \wedge \neg Q$。

在一些邏輯相關書籍，提到邏輯十律，也有人稱邏輯十大法則，這邏輯十律列出所有演繹推理所需要的邏輯法則。乍聽之下，好像很艱深，但細看之後，不難發現其實就是大家平常用的演繹推理，例如：假言推理中的肯前型，已知：若 P，則 Q（寫成 $P \to Q$）。現有 P，因此結論為 Q。或是可用真值表推出的法則，例如：$(P \to Q) \leftrightarrow (\neg Q \to \neg P)$。因此，本書暫不提這所謂的邏輯十律。

我們還要再介紹兩個名詞：恆正句及矛盾句。對某複合敘述 P，若不論構成 P 的所有簡單敘述的真假為何（即有可能是 T，也有可能是 F），P 永遠為真（即 T），則稱 P 為**恆正句 (tautology)**；同理，若 P 永遠為假（即 F），則稱該敘述為**矛盾句 (contradiction)**。簡單來說，恆正句就是一定成立，而矛盾句就是一定不成立。

這裡所謂的「矛盾句」與第五章提到的「矛盾句」是一樣的，都是指「根本不會成立的事」。例如：對「$P \vee (\neg P)$」而言，可導出不論 P 之真假為何，「P」或「$\neg P$」必有一真（這也就是第五章排中律運用的道理），故「$P \vee (\neg P)$」均為真（即 T），因此，我們說「$P \vee (\neg P)$」為一恆正句；而對「$P \wedge (\neg P)$」而言，不論 P 的真假為何，「P」與「$\neg P$」必有一假，故 $P \wedge (\neg P)$ 的真假必為假（即 F），因此，我們稱 $P \wedge (\neg P)$ 為一矛盾句。

其實在日常生活中，我們也有 $P \vee (\neg P)$ 為真，$P \wedge (\neg P)$ 為假的例子。例如：若 P 表「美美是一個女生」，想當然 $P \vee (\neg P)$ 為「美美是一個女生，或者美美不是一個女生。」一直都是成立的。這意思是說：美美是一個女生或男生，因此言之成理。另一方面，表 $P \wedge (\neg P)$「美美是一個女生且美美不是一個女生」，此一敘述前言不對後語，是一個矛盾句（如在第五章不矛

盾律該節所述)，根本不會成立。

在此，特別注意的是：任何一個敘述，有可能是恆正句，也有可能是矛盾句，但也有可能是兩者都不是 (即有些狀況為真，有些狀況為假)。

例題 7-12

試以真值表說明：$P \rightarrow (P \vee Q)$ 為一恆正句。

解

P	Q	$P \vee Q$	$P \rightarrow P \vee Q$
T	T	T	T
T	F	T	T
F	T	T	T
F	F	F	T

可看出不論 P 及 Q 的真假為何，$P \rightarrow (P \vee Q)$ 永遠為真，所以 $P \rightarrow (P \vee Q)$ 為一恆正句。

例題 7-13

試說明 $(P \wedge Q) \wedge (\neg P \vee \neg Q)$ 為一矛盾句。

解 本題我們改用邏輯規則來證明題目。
因 $\neg P \vee \neg Q = \neg (P \wedge Q)$，令 $P \wedge Q$ 為 R，可得原敘述為 $R \wedge \neg R$ 為一矛盾句。

三、量　詞

在數學與邏輯學中，最常用的量詞有兩個：「至少有一個」與「所有的」。正如同你以往在學習數學的經驗，對於常用的

邏輯入門

專有名詞必須給定一個符號，以方便使用。因此，我們介紹這兩個詞的符號表示如下。

首先，我們以英文小寫 x、y、… 表某事物，再以 P_x、P_y、… 等分別表與 x、y 相關的敘述。若敘述涉及二個事物 x、y，也將該敘述記為 P_{xy} … 等，以此類推。

1. 我們用符號「∃」表示至少有一個的意思，讀成「存在」。
   例如：「∃x」，讀成「存在 x」，或讀成「存在一個 x」，代表至少有一個 x 的意思。

2. 我們用符號「∀」表示所有的，讀成「對所有的」。例如：「∀x」，讀成「對所有的 x」，代表對所有 x 的意思。

接下來，我們改以生活中的用語來解釋符號「∃」與符號「∀」。

例如，把「至少有一隻貓會捉老鼠」改寫成符號邏輯的形式如下。首先，「至少有一隻貓會捉老鼠」意思為「存在一隻貓會捉老鼠」，我們先設定討論的範圍都是貓（x 代表某隻貓），令 P_x 表 「x 會捉老鼠」，則「至少有一隻貓會捉老鼠。」之符號邏輯表示為：∃x, P_x。

例如，把「所有的狗都愛吃骨頭」改寫成符號邏輯的形式如下。先設定範圍是狗（x 表某隻狗），令 P_x 表「x 愛吃骨頭」，則「所有的狗都愛吃骨頭」之符號邏輯表示為：∀x, P_x。

例題 7-14

令 x 表某實數。令 P_x 表「$|x| \geq 0$」，Q_x 表「$(x-3)(x-1) = 0$」。在以下二空格，填入 ∀ 或 ∃，使該敘述為真。
(1) _____ x, P_x。
(2) _____ x, Q_x。

解 (1) 因 P_x 是一個恆真的不等式，所以 (1) 要填 $\forall$。

(2) 因只有在 $x = 3$ 或 $x = 1$ 的情況下，Q_x 才為真，所以 (2) 填 $\exists$。注意：$\exists$ 表至少有一個，所以容許 x 有兩個選擇。

例題 7-15

請將下列敘述改用符號邏輯表示。
(1) 所有的獅子都很兇猛。
(2) 有一些獅子不喝咖啡。

解 先令 x 表某隻獅子，P_x 表「x 兇猛」，Q_x 表「x 喝咖啡」，則
(1) $\forall x, P_x$。
(2) $\exists x, \neg Q_x$。

例題 7-16

學校有一個選課規定：「選修邏輯及英文者，不得再選德文。」請把這個規定用符號邏輯表示。

解 令 x 表某人。再令 L_x 表示 x 選修邏輯，E_x 表示 x 選修英文，G_x 表示 x 選修德文，則此規定可寫成：$\forall x, L_x \wedge E_x \rightarrow \neg G_x$。

正如第三章第二節否定句所言，「並非所有 A 都是 B」等同於「至少有一個 A 不是 B」。而「並非至少有一個 A 是 B」等同於「所有 A 不是 B」。這表示

$$\neg\,(\forall x, P_x) = \exists x, \neg P_x$$
$$\neg\,(\exists x, P_x) = \forall x, \neg P_x$$

例如，在例題 7-15 (2) 中「有一些獅子不喝咖啡」用符號邏輯表示，即為

$$\exists x, \neg Q_x = \neg\,(\forall x, Q_x)，$$

也就是「並非所有的獅子都喝咖啡」。

例題 7-17

英國大文豪莎士比亞說：「並非所有閃爍的都是金子」(All that glitters is not gold)。令 x 表某物品，則莎士比亞這句話該如何用符號邏輯表示？

解 令 P_x 表 x 閃爍，Q_x 表 x 是金子，則此句話是

$$\neg\,(\forall x, P_x \to Q_x) = \exists x, \neg\,(P_x \to Q_x) = \exists x, P_x \wedge \neg Q_x$$

註：用到例題 7-11
也就是「至少有一個閃爍且不是金子的物品。」

有時候，敘述不只涉及一個事物。以「每個人都有一個父親」為例，將之改寫成符號邏輯形式如下：首先，令 x、y 均表某人，令 P_{xy} 表 y 是 x 的父親，因此原敘述之符號表示為：$\forall x, \exists y, P_{xy}$，讀成：對於所有 x 而言，存在至少一個 y，使得 y 是 x 的父親。

特別要注意的是：符號邏輯中，先後順序十分重要。舉例來說：若 P_{xy} 表「y 是 x 的父親」，則 P_{yx} 就表「x 是 y 的父親」。再以上一個例子來說：若將 $\forall x, \exists y, P_{xy}$ 誤寫為 $\exists y, \forall x, P_{xy}$，意義就大不相同，甚至是不合邏輯，因為 $\exists y, \forall x, P_{xy}$ 表示

存在一個人 y，他對任何人 x 而言，y 是 x 的父親。也就是說，有這麼一個人 y，他是任何人 x 的父親。這當然是不對的，因為不可能有一個人是所有人的父親 (包含他也是他自己的父親)。倘若我們將 $\forall x, \exists y, P_{xy}$，誤寫為 $\forall x, \exists y, P_{yx}$，那又是什麼意義呢？$\forall x, \exists y, P_{yx}$ 之意思是：對任何人 x 而言，至少存在一個人 y，使得 x 是 y 的父親，換言之，就是「每個人都有至少一個子女」。

例題 7-18

請用符號邏輯表出：「對每一種動物而言，都會有一個天敵。」

註：所謂「天敵」就是有「剋星」之意，例如：貓是老鼠的天敵 (因貓吃老鼠)。

解 令 x、y 表某種動物，P_{xy} 表 y 是 x 的天敵，則此句為「$\forall x, \exists y, P_{xy}$」。很明顯，我們不可換順序為「$\exists y, \forall x, P_{xy}$」，這樣就變成了「有一種動物 y，它對任何一種動物 x 而言，y 是 x 的天敵」，這樣會造成「y 是 y 的天敵」，顯然不合理。

例題 7-19

令 x、y 表某非零實數，令 P_{xy} 表「$xy = 1$」，則下列空格應該填上「$\forall$」還是「$\exists$」，才能使得整個敘述為真？

(1) ____ x, ____ y, P_{xy}。

(2) ____ y, ____ x, P_{xy}。

解 (1) 因 P_{xy} 表「$xy=1$」，所以 (1) 應是對於所有非零實數 x 而言，至少存在一個非零實數 y，使得 $xy=1$。故以符號邏輯表示成 $\forall x, \exists y, P_{xy}$。注意：絕不可寫成 $\exists x, \forall y, P_{xy}$，因為這樣就變成「存在至少一個非零實數 x，對任一非零實數 y 而言，$xy=1$」，這顯然是不對的。

(2) 同理，對於所有 y 而言，至少存在一個 x，使得 $xy=1$。故以符號邏輯表示成 $\forall y, \exists x, P_{xy}$。

例題 7-20

試將第三章中否定句 6. 寫成符號邏輯形式。(即：「所有 a 的所有 b，P 均成立」的否定句：「至少有一個 a 的至少有一個 b，使得 P 的否定成立。」寫成符號邏輯形式。)

解 $\neg\,(\forall a, \forall b, P) = \exists a, \exists b, \neg P$。

例題 7-21

試將第三章中否定句 7. 寫成符號邏輯形式。(即：「每一個 a 的至少有一個 b，使得 P 成立。」的否定句：「至少有一個 a 的每一個 b，使得 P 的否定成立。」寫成符號邏輯形式。)

解 $\neg\,(\forall a, \exists b, P) = \exists a, \forall b, \neg P$。

第七章　符號邏輯

例題 7-22

試將第三章中否定句 8. 寫成符號邏輯形式。(即：「至少有一個 a 的每一個 b，使得 P 成立。」的否定句：「每一個 a 的至少一個 b，使得 P 之否定成立。」寫成符號邏輯形式。)

解　$\neg\,(\exists\,a,\,\forall\,b,\,P) = \forall\,a,\,\exists\,b,\,\neg\,P$。

例題 7-23

試將第三章中否定句 9. 寫成符號邏輯形式。(即：「至少有一個 a 的至少有一個 b，使得 P 成立。」的否定句：「每一個 a 的每一個 b，使得 P 的否定成立。」寫成符號邏輯形式。)

解　$\neg\,(\exists\,a,\,\exists\,b,\,P) = \forall\,a,\,\forall\,b,\,\neg\,P$。

1. 試完成下列真值表：

P	Q	R	(P∨Q) → R	(P∧Q) → R	(P → Q) → R
T	T	T			
T	T	F			
T	F	T			
T	F	F			
F	T	T			
F	T	F			
F	F	T			
F	F	F			

2. 試作下列真值表：(1) ¬(P∧Q)∨P，(2) P → (Q∧R)。

3. 試以真值表說明 P∨(P∧Q) 等價於 P。

4. 試以真值表說明 P∧(P∨Q) 等價於 P。

5. 試以真值表說明 P → (Q → R) 與 (P → Q) → R 不等價。

6. 請問 P → (¬Q) 與下列哪些選項等價？

(1) (¬P)∨(¬Q)

(2) ¬P∧Q

(3) ¬P∨Q

(4) ¬(P∧Q)

7. 說明 ¬P → (Q∨R) 之否定為 (¬P)∧(¬Q)∧(¬R)。

8. 說明 (P→Q)→(¬P∨Q) 為一恆正句。(提示：可用真值表，亦可直接用邏輯規則證明。)

下列第 9～18 題，試說明該敘述的型態為恆正句、矛盾句或二者皆非。

9. $\neg P \to \neg Q$。

10. $\neg P \leftrightarrow (P \wedge Q)$。

11. $(P \wedge Q) \to Q$。

12. $\neg(\neg P) \to \neg(\neg P \to P)$。

13. $(P \wedge Q) \to R$。

14. $P \to (Q \to P)$。

15. $\neg(Q \to P) \to Q \wedge (\neg P)$。

16. $(\neg P \to Q) \to (P \to \neg Q)$。

17. $(Q \vee P) \to (\neg P \to Q)$。

18. $(P \to (Q \to R)) \to ((P \wedge Q) \vee R)$。

19. 請將下列敘述改用符號邏輯表示。

    (1) 所有的鳥都有翅膀。

    (2) 有一些鳥不會飛。

    (3) 每一個人都會找到其知己。

20. 填充：下列各空格分別填上 ∀ 或 ∃，使之成為一個真的敘述。

    令 x、y 表某實數。

    (1) ____ $x, |x| < |x| + 1$。

    (2) ____ $x, x > 0$。

    (3) ____ $x,$ ____ $y, x + y = 1$。

    (4) ____ $x,$ ____ $y, (x+y)^2 + (y-4)^2 = 0$。

    (5) ____ $x,$ ____ $y, (x+y)^2 = x^2 + 2xy + y^2$。

    (6) ____ $x,$ ____ $y, -|x| \leq |y|$。

邏輯入門

21. 填充：下列各空格分別填上 ∀ 或 ∃，使之成為一個真的敘述。

令 x、y 表某人，P_{xy} 表「x 是 y 的母親」。

(1) ____ x, ____ y, P_{xy}。

(2) ____ y, ____ x, P_{xy}。

(3) ____ x, ____ y, P_{yx}。

(4) ____ y, ____ x, P_{yx}。

第八章 集 合

本章旨在探討集合的相關概念，內容走向仍是偏向「古典邏輯」(如亞里士多德的三段式論法)與「古典集合論」(如交集、聯集)，較少涉及十九世紀新興的新數學。其中第一節至第五節介紹「集合」的基本概念，第六節介紹三段式論法，這種方法是邏輯思考中的基本法則，文中有些例題將以集合文氏圖的方式說明，若對文氏圖不熟，也可試著用你自己的方式思考，一樣會得到相同的結論。事實上，三段式論法的練習對於了解邏輯思考有很大的幫助，甚至可將之視為了解邏輯推理謎題的暖身運動。

至於第七、八、九節(於目錄標示星號者)為選材，較注重抽象思考與對符號的掌握，這對理工相關科系之專業課程學習有很大的助益，甚至很多離散數學的用書也需要這裡所介紹的概念。不過，若對抽象思考與符號無法排除畏懼，倒也不必因噎廢食，你可以選擇與前章相同的方式，直接跳過此一部分，進入下一章，畢竟抽象思考與符號邏輯只是邏輯的一部分，我們大可以個人感覺最合適的方式來欣賞邏輯。

雖然集合論(Set Theory)在數學的分類上被歸為「新數學」，但其實數學家們早就使用集合的觀念在處理各式各樣的問題，只是一直沒有對「集合」定下明確的規範。直到十九世紀末，德國數學家康托爾才建立了集合論的基礎。一般認為，十九世

紀末期後的「新數學」即根基於集合論,然而很可惜的,康托爾的觀念並未得到當代數學家的賞識,後來康托爾患抑鬱症,並於 1918 年發瘋,最後死於精神病院。

康托爾 (Georg Ferdinand Ludwig Philipp Cantor, 1845～1918 年)
　　德國數學家康托爾雖然生前抑鬱不得志,但後來的數學家不但認可其成就,更認為「集合論」是數學史上一項重大的突破。

一、集合的定義

　　首先我們介紹集合的定義。由一群明確的事物聚集成一團體,此一團體我們稱之為**集合 (set)**,而這群事物中每一個體稱為**元素 (element)**。若集合中元素的總個數有限 (finite),此種集合稱為**有限集合**;倘若元素總個數無限 (infinite),此種集合稱為**無限集合**或**無窮集合**。例如:「班上功課好的同學」就不能組成一個集合,因為「功課好」並不明確;但「中華醫事學院幼兒保育系一年甲班全體同學」就可以組成一個集合,而且是有限集合,該班每一個同學都是此集合的元素。另外,「所有實數」也能組成一個集合,而且這集合是無窮集合,當然任一實數也都是此集合的元素。

例題 8-1

所有偶數可形成一個集合嗎？若可以的話，它是有限集合還是無限集合？

解 可以。它是一個無限集合。
因為此集合是由 2 的倍數所成之集合，它很明確，故為集合。又因偶數有無限多個，所以此集合為無限集合。

二、集合的表示法

為了讓集合與元素有所分別，通常集合用大寫英文字母 A、B、C、$\cdots$ 表示；元素則以小寫英文字母 a、b、c、$\cdots$ 表示。

若 a 是 A 中的元素，我們說 a 屬於 A，記作 $a \in A$；若不是 A 中的元素，我們說 a 不屬於 A，記作 $a \notin A$。

對於常見的幾種集合，有以下的共同記法。例如：所有自然數所成的集合以 $\mathbf{N}$ 表示；所有整數所成的集合以 $\mathbf{Z}$ 表示；所有有理數所成的集合以 $\mathbf{Q}$ 表示；所有實數所成的集合以 $\mathbf{R}$ 表示；所有複數所成的集合以 $\mathbf{C}$ 表示。

一般集合的表示法可分為以下兩種：

1. **窮列法** (或稱表列法、枚舉法)：此種表示法是將集合中的每一元素都列在大括號 {} 內，每一元素之間則以逗點隔開，重複元素者只寫一次即可，且元素的順序可任意排列。例如：由 a、b、c 三個元素所組成之集合寫成 $\{a, b, c\}$，此集合與 $\{a, b, c, a, a\}$ 及 $\{c, a, b\}$ 相同。當然，此法適合元素較少的集合，而且很明顯比較適用於有限集合。

2. **通性描述法**(或稱集合構式、示性描述法)：此法是利用元素特徵、性質來描述該集合，一樣寫在大括號 {} 內，但寫成 {元素 | 元素必須滿足的特徵、性質、條件}。要注意的是：用來說明「元素必須滿足的特徵、性質、條件」的直述句，必須是一個敘述，才可明確定出集合。例如：偶數所成之集合 $A = \{2n \mid n \in \mathbf{Z}\}$，或寫成 $\{x \mid x = 2n, n \in \mathbf{Z}\}$ 等。此法適用於元素間有共同特性者，而且無窮集合較常用通性描述法表之。

例題 8-2

請寫出太陽系八大行星所成之集合 A 與所有正實數所成的集合 B。

解 太陽系八大行星所成之集合 A = {水星，金星，地球，火星，木星，土星，天王星，海王星}。可看出：水星 $\in A$，金星 $\in A$，…，海王星 $\in A$ 等，但月球 $\notin A$。

所有正實數所成的集合 $B = \{x \mid x > 0$ 且 $x \in \mathbf{R}\}$。可看出 $1 \in B$ … 等，但 $-1 \notin B$。

二十世紀初，英國哲學家羅素，就針對當時新興的集合論的通性描述法，提出了著名的**羅素矛盾 (Russel's parodox)**，如例題 8-3 所示。

例題 8-3

假設 $A = \{x \mid x$ 為一個集合且 $x \notin x\}$。請問這會造成什麼矛盾？

解 因 A 與 A 之間的關係只有 $A \in A$ 及 $A \notin A$ 兩種，以下分別討論。

(1) 若 $A \in A$，則根據 A 的定法，可得 $A \notin A$，出現與原假設矛盾。

(2) 若 $A \notin A$，則 A 是 A 中的元素，即 $A \in A$ 又出現與原假設矛盾。

總而言之，此時出現狀況矛盾，表示這根本是不該成立的狀況。所以，A 雖然採用集合的寫法，但其實根本不是一個集合。

正如例題 5-10 與例題 5-11，遇到狀況矛盾必須更改規則。

有鑑於此，針對通性描述法，學者們提出了宇集合的概念。所謂**宇集合 (universal set)** 是指所有討論範圍所成的集合，通常以 **U** 表示。以通性描述法討論集合之前，若易造成誤解，則應先規範出整個架構的範圍 (先定出宇集合)，再來考慮該集合。例如：針對 $A = \{x \mid 1 < x < 3\}$，若考慮的宇集合 **U** 是 **N**，則 $A = \{2\}$ 是個有限集合；但若考慮的宇集合 **U** 是 **R**，則 $A = \{x \mid 1 < x < 3, x \in \mathbf{R}\}$ 是個無窮集合。

不過，為了方便起見，宇集合有時不另外明定，而隱身於通性描述法中。以剛剛的例子來說，宇集合 $\mathbf{U} = \mathbf{N}$ 且 $A = \{x \mid 1 < x < 3\}$，可直接簡寫成 $A = \{x \in \mathbf{N} \mid 1 < x < 3\}$；而宇集合 $\mathbf{U} = \mathbf{R}$ 且 $A = \{x \mid 1 < x < 3\}$ 可直接簡寫為 $A = \{x \in \mathbf{R} \mid 1 < x < 3\}$。

也因如此，較講究精確性的某些科學書籍，會明令若以窮列法來定義集合，就不需說明其宇集合；但若以通性描述形容某集合時，則要說明其宇集合，其寫法通常為：

{元素 ∈ 宇集合 | 元素必須滿足的特徵、性質、條件}

例如：正實數所成的集合 B 就必須說明其宇集合是 $\mathbf{C}$ 或 $\mathbf{R}$，因此 B 可能是

$$\{x \in \mathbf{C} \mid x \in \mathbf{R} \text{ 且 } x > 0\} \text{ 或 } \{x \in \mathbf{R} \mid x > 0\}$$

前者指的是座標平面上的某一半線，而後者指的是實數線上的某一半線，其幾何意義並不相同。

不過，另外有些書籍 (包括本書)，就沒這麼嚴格的定義。因為，究竟要精確到什麼程度，本來就是視需要而定，不必作繭自縛。基本上，只要集合本身的定義已經很明確，就不需說明其宇集合。換言之，集合的定義以明確為圭臬，而「是否要先聲明宇集合」則視能否達到定義明確之原則而定。因此，以正實數所成的集合 B 為例，在本書可以不必言明其宇集合，除非我們需要探討其幾何意義，才需要說明其宇集合。

三、常見的集合名詞

本節，我們要介紹一些在討論集合時常用的專有名詞。

1. **空集合**：若一集合中沒有任何元素，我們稱此集合為空集合，記為 $\{\}$ 或 ϕ。例如：「僅有三個內角的四邊形」所成的集合就是一個空集合。

2. **子集合**：若集合 B 是由 A 集合中部分元素組合而成，我們稱 B 是 A 的子集合 (或部分集合)，記為「$B \subseteq A$」，唸成「B 包含於 A」，或記為「$A \supseteq B$」，唸成「A 包含 B」。例如：有理數所成的集合 $\mathbf{Q}$ 是實數所成的集合 $\mathbf{R}$ 之子集合，即 $\mathbf{Q} \subseteq \mathbf{R}$。值得一提的是：空集合是任何集合的子集合，因為空集合是任何集合中不拿任何元素所成的集合。

3. **集合相等**：若集合 A 與集合 B 的元素均相同，則稱此二集合相等，即 $A \supseteq B$ 且 $B \supseteq A$，記為 $A = B$。例如：地球綿延最長的建築物所成的集合與萬里長城所成的集合其實是同一集合。

4. **冪集合**：集合 A 的所有子集合所形成的集合，我們稱為集合 A 的冪集合，並以 **P**(A) 記之。

例題 8-4

假設 $A = \{0, 1, 2\}$，$B = \{1\}$，試問 B 是否為 A 之子集合？

解 因 $1 \in A$，故 B 為 A 的子集合。

例題 8-5

若 $A = \{a, b, c, d\}$，$B = \{a, b\}$，$C = \{a\}$，則 A、B、C 之間的關係如何？

解 因 B 是 A 中部分元素組合而成，所以 $B \subseteq A$ 或記作 $A \supseteq B$。又 C 是 B 中部分元素組合而成，所以 $C \subseteq B$ 或記作 $B \supseteq C$。故 A、B、C 之間的關係為 $C \subseteq B \subseteq A$，或寫成 $A \supseteq B \supseteq C$。

例題 8-6

假設 $A = \{1, \{2, 3\}, 4\}$，$B = \{1, \{2\}, 2\}$。試判斷下列各敘述的對錯。

(1) A 有四個元素
(2) $2 \in A$
(3) $\{2, 3\} \subseteq A$

(4) B 有三個元素

(5) $\{2\} \subseteq B$

(6) $\{2\} \in B$

(7) $\{2, 3\} \in A$

(8) $\phi \subseteq A$

解 (1) 錯。A 有三個元素，分別是 1、$\{2, 3\}$ 及 4。

(2) 錯。應改為 $2 \notin A$，注意：$2 \in B$ 且 $\{2\} \in B$。

(3) 錯。應是 $\{2, 3\} \in A$，或寫成 $\{\{2, 3\}\} \subseteq A$。

(4)、(5)、(6)、(7)、(8) 均對。

例題 8-7

試問「$A = B$」與「$A \subseteq B$ 且 $B \subseteq A$」互為何種條件？

解 若已知 $A = B$，則 $A \subseteq B$ 且 $B \subseteq A$。另一方面，若已知 $A \subseteq B$ 且 $B \subseteq A$，則 $A = B$。因此，「$A = B$」與「$A \subseteq B$ 且 $B \subseteq A$」互為充要條件。

例題 8-8

在下列集合中，哪些集合是相等的？寫出它們之間的關係。

(1) $P = \{1, 2, 3, 4\}$

(2) $Q = \{x \mid -2 < x < 7, x \in \mathbf{Z}\}$

(3) $R = \{x \in \mathbf{Z} \mid 0 < x < 5\}$

(4) $S = \{-1, 0, 1, 2, 3, 4, 5, 6\}$

(5) $T = \{2, 3\}$

(6) $U = \{x \mid x^2 - 5x + 6 = 0, x \in \mathbf{R}\}$

解 我們利用窮列法將各集合元素一一寫出：
(1) $P = \{1, 2, 3, 4\}$
(2) $Q = \{-1, 0, 1, 2, 3, 4, 5, 6\}$
(3) $R = \{1, 2, 3, 4\}$
(4) $S = \{-1, 0, 1, 2, 3, 4, 5, 6\}$
(5) $T = \{2, 3\}$
(6) $U = \{2, 3\}$
所以 $T = U \subseteq P = R \subseteq Q = S$。

例題 8-9

求 $P(A)$，其中 $A = \{a, b\}$。

解 $P(A) = \{\phi, \{a\}, \{b\}, \{a, b\}\}$。

四、集合的運算及文氏圖

集合的運算是利用已有的集合去製造新的集合。在考慮集合的運算時，常利用畫圈來代表集合，這其實就是所謂的**文氏圖 (Venn's diagram)**。集合的運算有下列幾種：

1. **交集 (intersection)**：A 與 B 兩集合的交集定義為 $\{x \mid x \in A \text{ 且 } x \in B\}$，記為 $A \cap B$，其文氏圖如圖 8-1 之藍色部分。

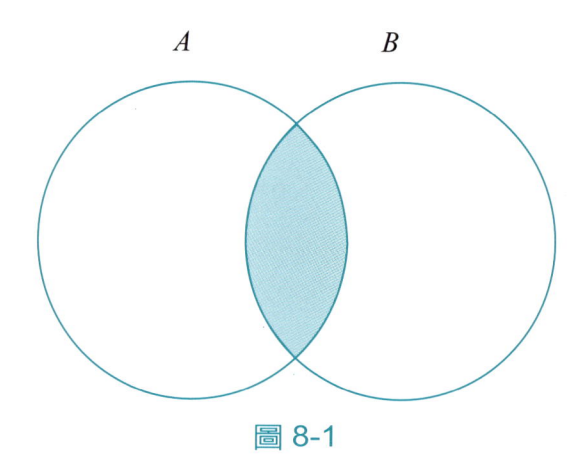

邏輯入門

圖 8-1

例如：$A = \{1, 2\}$ 且 $B = \{1, 3\}$，則 $A \cap B = \{1\}$。

2. **聯集 (union)**：A 與 B 兩集合的聯集定義為 $\{x \mid x \in A$ 或 $x \in B\}$，記為 $A \cup B$，其文氏圖如圖 8-2 之藍色部分。

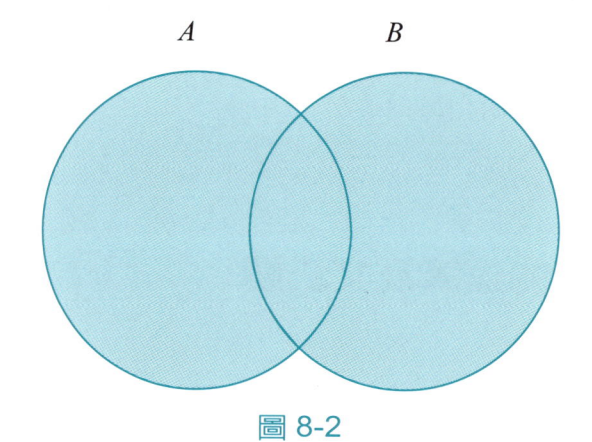

圖 8-2

例如：$A = \{1, 2\}$ 且 $B = \{1, 3\}$，則 $A \cup B = \{1, 2, 3\}$。

3. **差集 (difference)**：A 與 B 兩集合的差集定義為 $\{x \mid x \in A$ 且 $x \notin B, x \in \mathbf{U}\}$，記為 $A - B$ 或 $A \backslash B$，其文氏圖如圖 8-3 之藍色部分。

圖 8-3

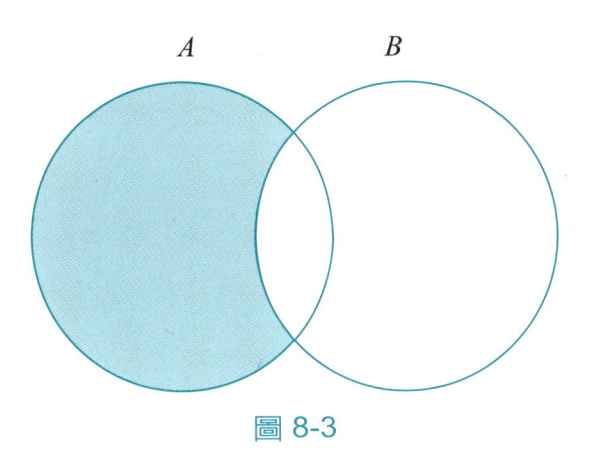

例如：$A = \{1, 2\}$ 且 $B = \{1, 3\}$，則 $A \backslash B = \{2\}$。

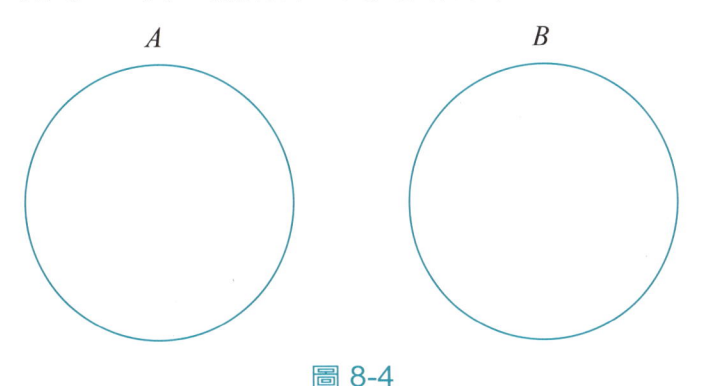

4. **互斥集合 (disjoint sets)**：若 $A \cap B = \phi$，則稱 A 與 B 兩集合互斥。此時，A 與 B 兩集合之文氏圖如圖 8-4。

圖 8-4

例如：若 A 表測量身高的單位，且 B 表測量體重的單位，則 A 與 B 為互斥集合，即 $A \cap B = \phi$。

5. **餘集合 (complement)**：U 是宇集合，而 A 是包含於 U 之任意集合 (即 $A \subseteq U$)，則 $U - A$ 所得的集合稱為 A 在 U 內的餘集合，以 A^c 或 $\overline{A}$ 表示，其文氏圖如圖 8-5 之藍色部分。

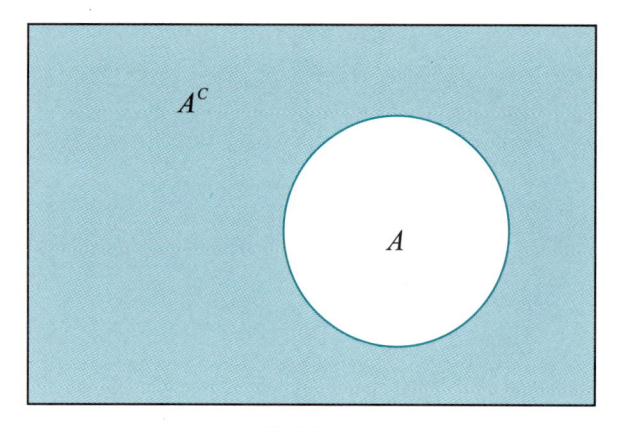

邏輯入門

圖 8-5

有了文氏圖，可得到許多集合運算的公式。

例如：

(1) $\overline{A \cup B} = \overline{A} \cap \overline{B}$

(2) $\overline{A \cap B} = \overline{A} \cup \overline{B}$

(3) $(A \cup B) \cap C = (A \cap C) \cup (B \cap C)$

(4) $(A \cap B) \cap C = A \cap (B \cap C) = (A \cap C) \cap B$

(5) $(A \cap C) \cup B = (A \cup B) \cap (C \cup B)$

例題 8-10

用文氏圖證明 $\overline{A \cup B} = \overline{A} \cap \overline{B}$。

解 先畫圖如下：

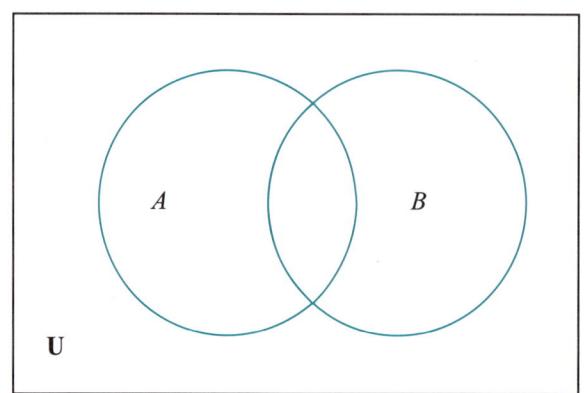

$A \cup B$ 表下圖藍色部分：

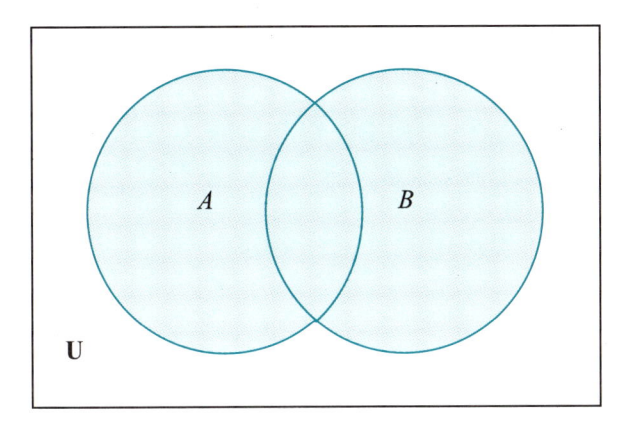

因此 $\overline{A \cup B}$ 表下圖灰色部分：

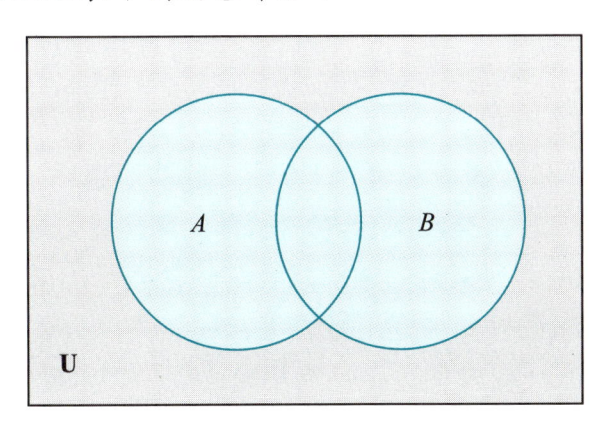

另一方面，$\overline{A}$ 與 $\overline{B}$ 分別如下圖灰色部分：

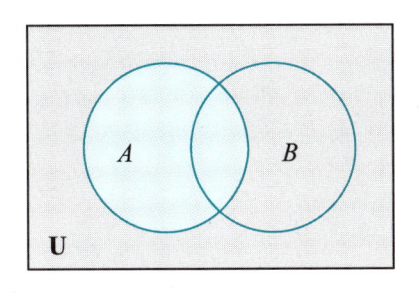

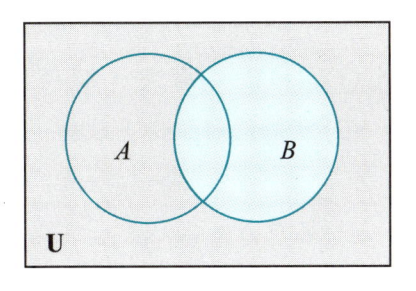

邏輯入門

因此 $\overline{A} \cap \overline{B}$ 如下圖灰色部分：

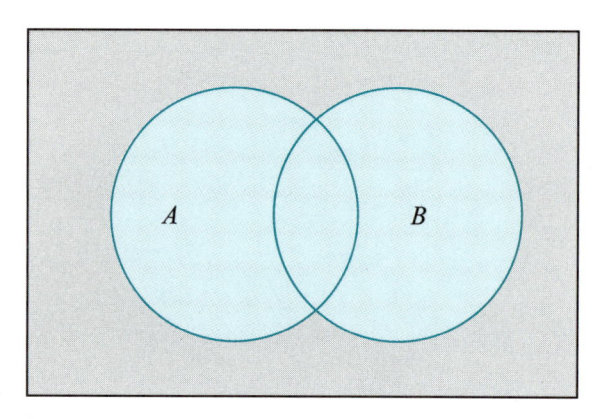

可得上圖和 $\overline{A \cup B}$ 完全一樣，故可得 $\overline{A \cup B} = \overline{A} \cap \overline{B}$。

例題 8-11

假設游泳社團集合 A = {佩怡，欣萍，惠珠，東亮，華宇，佳安}，登山社團集合 B = {欣萍，華宇，廷翔，朝勝，元恭}，請將下列集合的運算式及其集合表示出來。

(1) 參加游泳社且參加登山社之集合。
(2) 參加游泳社或參加登山社之集合。
(3) 參加游泳社但沒有參加登山社之集合。
(4) 參加登山社但沒有參加游泳社之集合。

解 (1) $A \cap B$ = {華宇，欣萍}。
　　(2) $B \cup A$ = {佩怡，欣萍，惠珠，東亮，華宇，佳安，廷翔，朝勝，元恭}。
　　(3) $A - B$ = {佩怡，惠珠，東亮，佳安}。
　　(4) $B - A$ = {廷翔，朝勝，元恭}。

例題 8-12

求下列餘集合 A^c，並用文字說明。
(1) 若 **U** 表人所成的集合，而 A 表男人所成的集合。
(2) 若 **U** = **R**，而 A 表無理數所成集合。

解 (1) $A^c = \mathbf{U} - A$，表示女人所成的集合。
(2) $A^c = \mathbf{U} - A = \mathbf{R} - A = \mathbf{Q}$，表示有理數所成的集合。

例題 8-13

已知 $A = \{a, b, c, d\}$，$B = \{\{a\}, b, e\}$，求 $A \cap B$，$A \cup B$，$A - B$，$B - A$。

解 $A \cap B = \{b\}$
$A \cup B = \{a, \{a\}, b, c, d, e\}$
$A - B = \{a, c, d\}$
$B - A = \{\{a\}, e\}$

無限集合中有一種是在實數線上的集合，這種集合亦可利用區間方式來表示。所謂**區間 (interval)** 就是在實數線上，以任意兩相異點為範圍之集合，至於集合中是否包括端點，必須視集合類型而定。區間的類型與表示法介紹如下。

若 a、b 為兩相異實數且 $a < b$，則以 a、b 為端點的區間有：

邏輯入門

1. $[a, b] = \{x \mid a \leq x \leq b, x \in \mathbf{R}\}$，稱為閉區間，其幾何意義為下圖之藍色部分。

2. $[a, b) = \{x \mid a \leq x < b, x \in \mathbf{R}\}$，稱為半開區間，其幾何意義為下圖之藍色部分。

3. $(a, b] = \{x \mid a < x \leq b, x \in \mathbf{R}\}$，稱為半開區間，其幾何意義為下圖之藍色部分。

4. $(a, b) = \{x \mid a < x < b, x \in \mathbf{R}\}$，稱為開區間，其幾何意義為下圖之藍色部分。

由上可看出中括號代表有含端點，而小括號代表不含端點。此外，我們並以 $(-\infty, \infty)$ 代表整條實數線 $\mathbf{R}$。至於半線的區間記法如下：令 a 表某實數，則

1. (a, ∞) 表示 a 點 (不含) 以右的半線。
2. $[a, \infty)$ 表示 a 點 (含) 以右的半線。
3. $(-\infty, a)$ 表示 a 點 (不含) 以左的半線。
4. $(-\infty, a]$ 表示 a 點 (含) 以左的半線。

例如：$[2, \infty) = \{x \in \mathbf{R} \mid x \geq 2\}$。

例題 8-14

已知宇集合是 **R**，若 $A = \{x \mid -3 < x \leq 0\}$，$B = (-2, 3)$，求下列各小題之區間表示法與集合表示法。

(1) $A \cup B$　(2) $A \cap B$　(3) $A - B$　(4) $B - A$　(5)餘集合 A^c。

解 先作實數線圖：

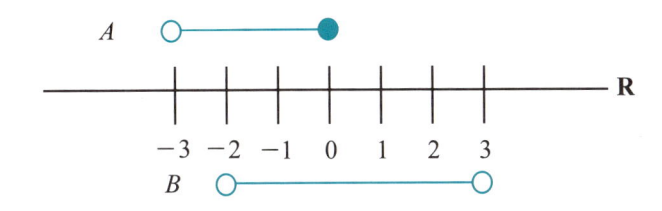

由上圖可知：

(1) $A \cup B = (-3, 3) = \{x \mid -3 < x < 3\}$

(2) $A \cap B = (-2, 0] = \{x \mid -2 < x \leq 0\}$

(3) $A - B = (-3, -2] = \{x \mid -3 < x \leq -2\}$

(4) $B - A = (0, 3) = \{x \mid 0 < x < 3\}$

(5) $A^c = (-\infty, -3] \cup (0, \infty) = \{x \mid x \leq -3 \text{ 或 } x > 0\}$

例題 8-15

若 A 與 B 為兩相異集合，則 $(A \cap \overline{B}) \cup (B \cap \overline{A})$ 與下列哪個答案相同？

(1) $A \cup B$

(2) $A \cap B$

(3) $\overline{A} \cap B$

(4) $A \cup \overline{B}$

(5) $(A \cup B) - (A \cap B)$

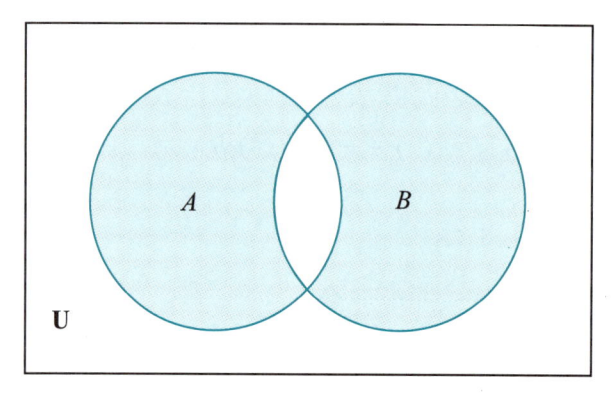

解 本題用文氏圖來看$(A\cap\overline{B})\cup(B\cap\overline{A})$爲下圖之藍色部分：

由圖觀之，很明顯 $(A\cap\overline{B})\cup(B\cap\overline{A})$ 不是 $A\cup B$，也不是 $A\cap B$。至於 $\overline{A}\cap B$ 爲下圖之藍色部分：

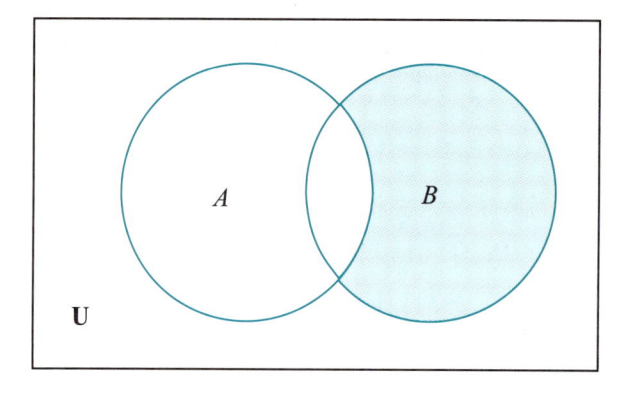

而 $A\cup\overline{B}$ 爲下圖藍色部分：

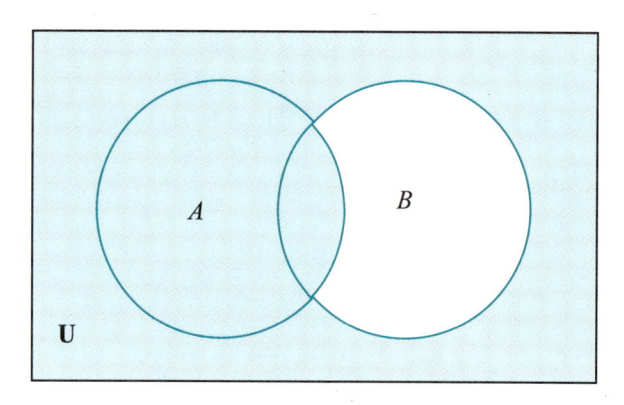

故，$(A\cup B)-(A\cap B)=(A\cap\overline{B})\cup(B\cap\overline{A})$，所以本題答案爲(5)。

例題 8-16

假設 $U = \{1, 2, 3, 4, 5, 6, 7\}$，$A \cap \overline{B} = \{2, 7\}$，$\overline{A \cap B} \cap B = \{1, 6\}$，$\overline{A} \cup \overline{B} = \{1, 2, 3, 6, 7\}$。求 A 與 B。

解 我們直接用文氏圖來思考，如下圖所示。先畫集合 A 與集合 B，因 $U = \{1, 2, 3, 4, 5, 6, 7\}$，故我們要把 $1, 2, 3, 4, 5, 6, 7$ 填在下圖：

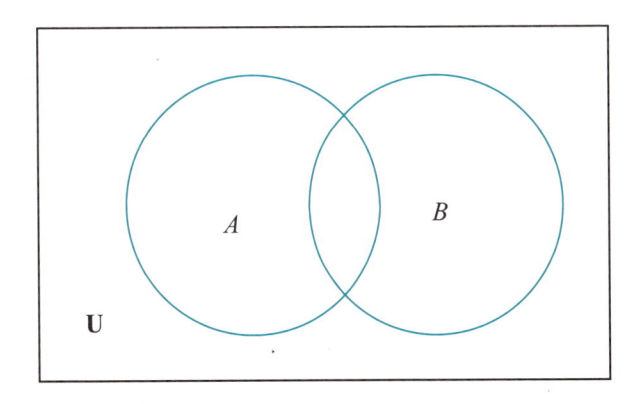

由 $A \cap \overline{B} = \{2, 7\}$，可得：

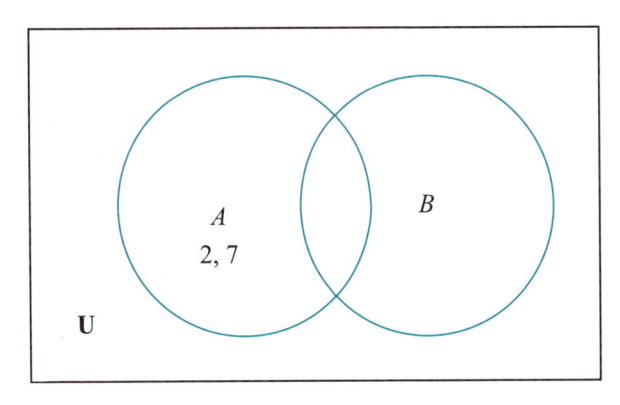

此外，配合文氏圖與 $\overline{A \cap B} \cap B = (\overline{A} \cup \overline{B}) \cap B$
$= (\overline{A} \cap B) \cup (\overline{B} \cap B) = \overline{A} \cap B = B \backslash A = \{1, 6\}$
可得：

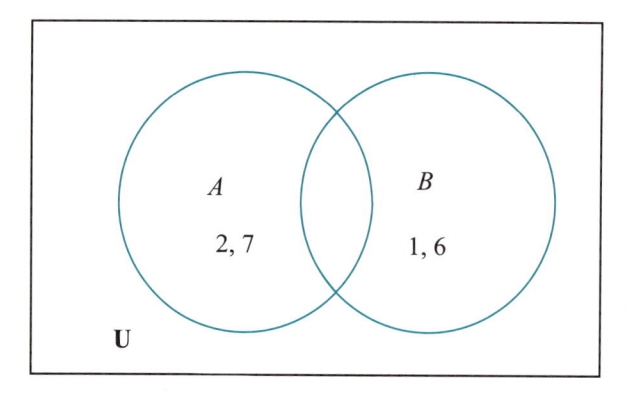

再由 $\overline{A} \cup \overline{B} = \overline{A \cap B} = \{1, 2, 3, 6, 7\}$。可得 $A \cap B = \{4, 5\}$。
因此 3 必在 $A \cup B$ 之外。其文氏圖如下：

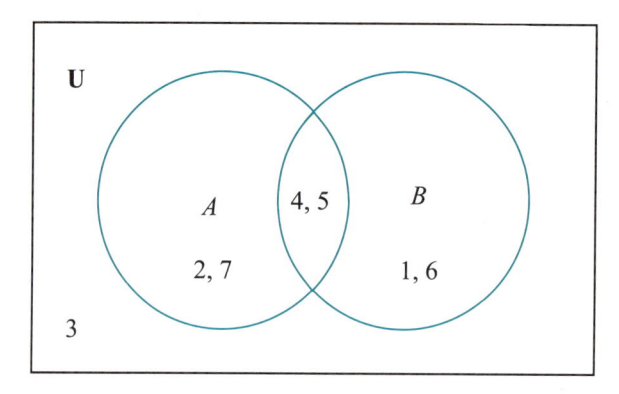

所以 $A = \{2, 4, 5, 7\}$，$B = \{1, 4, 5, 6\}$。

五、集合的元素個數

為了方便起見，對於任意集合 A 而言，我們用 $n(A)$ 表集合的元素個數。因此 $n(\phi) = 0$，$n(\{\phi\}) = 1$。有限集合的元素個數，將於本節中介紹；至於無窮集合的元素個數，本書暫不納入，有興趣的讀者可以任意找一本集合論的書參考。事實上，無窮集合的元素個數也是康托爾的重要貢獻之一。

定理 8-1

若集合 A 中有 m 個相異元素，則 $n(\mathbf{P}(A)) = 2^m$。

說明：因 A 中有 m 個相異元素，每個元素都有「取」與「不取」兩種可能，故 $n(\mathbf{P}(A)) = 2^m$，即 A 有 2^m 個相異子集合。

例題 8-17

若 $A = \{a, b\}$，求 $n(\mathbf{P}(A))$ 為何？

解 因 $A = \{a, b\}$ 有 2 個元素，故 $n(\mathbf{P}(A)) = 2^2 = 4$，這表示 A 有 4 個子集合，事實上這 4 個子集合就是 ϕ、$\{a\}$、$\{b\}$、$\{a, b\}$。

下面要介紹幾個聯集元素個數的求法。

定理 8-2

設 A、B、C 為三個有限集合，則
(1) $n(A \cup B) = n(A) + n(B) - n(A \cap B)$，如圖 8-2。
(2) 若 A、B 互斥，則 $n(A \cup B) = n(A) + n(B)$，如圖 8-4。
(3) $n(A \cup B \cup C) = n(A) + n(B) + n(C) - n(A \cap B) - n(B \cap C) - n(A \cap C) + n(A \cap B \cap C)$，如圖 8-6。

邏輯入門

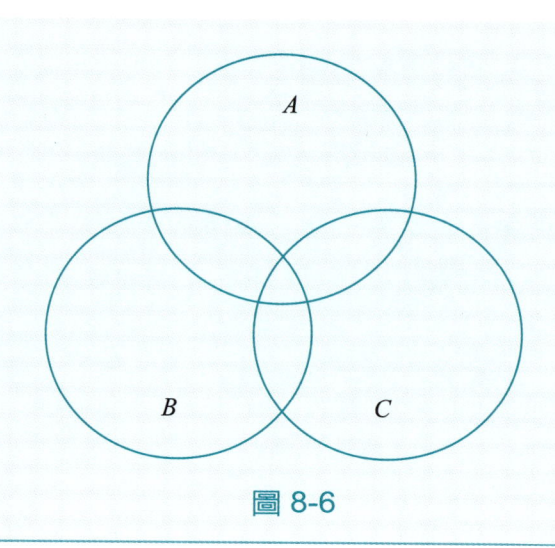

圖 8-6

例題 8-18

試說明四維所成集合之元素個數、八德所成集合之元素個數，以及上述二個集合之聯集的元素個數。

解 設四維所成的集合為 A，而八德所成的集合為 B，則

$A = \{禮，義，廉，恥\}$
$B = \{忠，孝，仁，愛，信，義，和，平\}$

所以

$A \cup B = \{禮，義，廉，恥，忠，孝，仁，愛，信，和，平\}$

注意：「義」同時在集合 A 與集合 B 中，因此，

$n(A \cup B) = 11$

若以定理 8-2 求解，則我們可得

$n(A) = 4, \ n(B) = 8, \ n(A \cap B) = 1$

故 $n(A \cup B) = n(A) + n(B) - n(A \cap B) = 4 + 8 - 1 = 11$。

例題 8-19

在 1 到 100 的自然數中，與 15 互質之數有幾個？

解 我們先考慮 1 到 100 的自然數中，與 15 沒有互質的數，這要用到 15 的質因數分解 $15 = 3 \times 5$，其文氏圖如下：

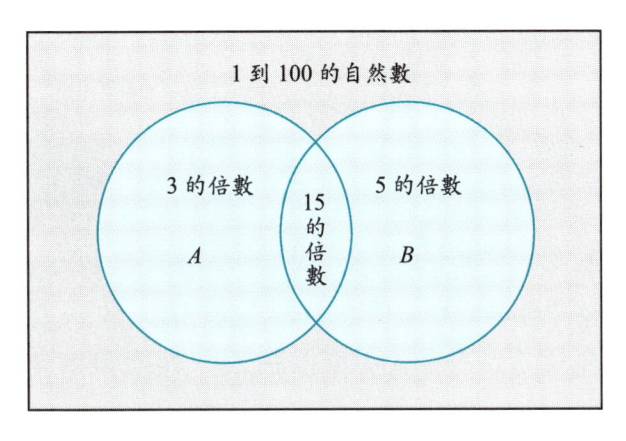

1 到 100 的自然數

3 的倍數　　　5 的倍數

A　　15 的倍數　　B

而我們要求的就是灰色部分的元素個數。

$$100 - n(A \cup B) = 100 - [n(A) + n(B) - n(A \cap B)]$$

又 $n(A) = 33$，$n(B) = 20$，$n(A \cap B) = 6$
(因 1 到 100 的自然數中，3 的倍數有 3, 6, 9, ..., 99 共 33 個，5 的倍數有 5, 10, ..., 100 共 20 個，15 的倍數有 15, 30, ..., 90 共 6 個)，所以答案是
$100 - (33 + 20 - 6) = 53$ 個。

例題 8-20

某熱飲店有 20 個客人，其中喝茶者有 10 人，喝咖啡者有 7 人，二種都喝有 4 人，則二種都不喝有幾人？

邏輯入門

解 設喝茶之人所成的集合為 A，喝咖啡之人所成的集合為 B，而宇集合為熱飲店客人所成的集合。由題意可知：

$$n(U) = 20 , n(A) = 10 , n(B) = 7 , n(A \cap B) = 4$$

故 $n(A \cup B) = n(A) + n(B) - n(A \cap B) = 10 + 7 - 4 = 13$

因此，二種都不喝的人數為

$n(U) - n(A \cup B) = 20 - 13 = 7$。

例題 8-21

某班有學生 45 人，其中 20 人有兄弟，10 人有姊妹，有兄弟又有姊妹的只有 1 人，問該班學生在家中是獨生子女的有多少人？

解 設有兄弟之集合為 A，有姊妹之集合為 B。依題意得知

$$n(A) = 20 , n(B) = 10 , n(A \cap B) = 1$$

所以，有兄弟或姊妹的人數為

$$n(A \cup B) = 20 + 10 - 1 = 29$$

因此，學生在家中是獨生子女的有

$45 - 29 = 16$ 人。

例題 8-22

某班學生共有 50 人，考試結果：英文及格者 19 人，邏輯思考及格者 19 人，中文領域及格者 25 人，而中文領域、邏輯思考同時及格者 11 人，中文領域、英文同時及格者 9 人，三科均及格者 5 人，至少一科及格者 42 人，問英文、邏輯思考兩科都及格者幾人？三科都不及格者幾人？

> **解** 設 A 表英文及格者所成的集合，B 表邏輯思考及格者所成的集合，C 表中文領域及格者所成的集合，x 表英文及邏輯思考兩科及格的人數(即 $n(A \cap B)$)。依題意可知：
>
> $n(A) = 19$，$n(B) = 19$，$n(C) = 25$，$n(B \cap C) = 11$
> $n(A \cap C) = 9$，$n(A \cap B \cap C) = 5$
> $n(A \cup B \cup C) = 42$
>
> 代入定理 8-2，
>
> $42 = 19 + 19 + 25 - x - 11 - 9 + 5$，得 $x = 6$
>
> 因此，英文與邏輯思考兩科都及格有 6 人，三科都不及格有 $50 - 42 = 8$ 人。

六、三段式論法

接下來我們想把集合觀念運用在邏輯的推理上。**三段式論法 (syllogism)** 是指利用給定的一個大前提與一個小前提，經由邏輯推理得到結論的方法。其實，在很早以前，人們就已運用這種方法，例如：在《唐詩三百首》中也隱含有三段式論法，唐詩中〈詠花〉(作者釋知玄)為：

> 花開滿樹紅，花落萬枝空，
> 唯餘一朵在，明日定隨風。

詩中敘述花開時，滿樹都是紅花，然而花落時，樹枝都會變成空蕩蕩，因此，雖然現在還有一朵紅花，過幾天，殘留的那朵紅花必定也會被風兒吹落。詩人用簡潔的語句，表達出心情的沮喪以及對生活的愁緒。但若將此詩寫成三段式論法為

邏輯入門

大前提：花必花落。

小前提：紅花是花。

那麼我們可推得結論：紅花必花落。

於本章節，我們用集合為工具(其中最常用文氏圖)來幫思考三段式論法。當然，並不是任何一個三段式論法都一定要以集合為工具。如之前例題 4-6 就是典型的三段式論法，但那時只需用同義句即可進行推理。還有值得注意的是：使用三段式論法，不必執著於誰是大前提？誰是小前提？其實只要把這兩個前提當成已知去進行邏輯推理即可。因此，後面的例子，我們均以前提 1、前提 2 稱之。

有關集合之間的敘述，一般可分下列六種。和之前強調的一樣，請千萬不要死背這些分類。此分類只是為了方便說明，學習的重點在於如何將敘述畫成集合文氏圖來進行推理。

1. 全稱肯定敘述：所有 A 都是 B。即 $A \subseteq B$，其文氏圖如圖 8-7。

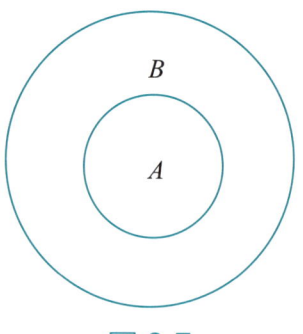

圖 8-7

例如：所有的青蛙都是兩棲類動物。假設青蛙所成的集合為 A，兩棲類動物所成的集合為 B，則因青蛙是兩棲類動物，但任一種兩棲類動物不見得是青蛙，故 $A \subseteq B$。

2. **特稱肯定敘述**：有些 A 是 B。即 $A \cap B \neq \phi$，其文氏圖如圖 8-8。

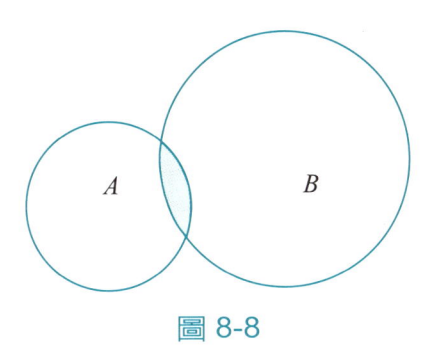

圖 8-8

例如：有些鳥類會飛。假設鳥類所成的集合為 A，會飛的動物所成的集合為 B，故 $A \cap B \neq \phi$。由圖 8-8 可知：有些鳥類會飛，有些不會飛；而會飛的動物有些是鳥，有些不是鳥。

3. **全稱否定敘述**：所有 A 都不是 B。即 $A \cap B = \phi$，其文氏圖如圖 8-9。

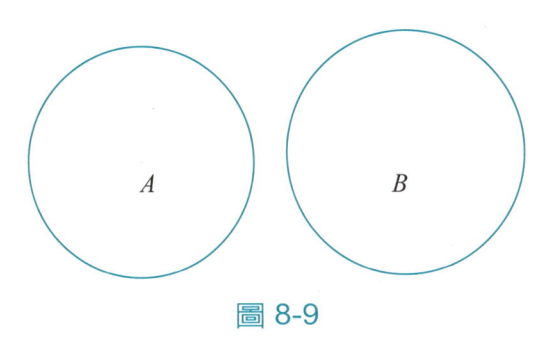

圖 8-9

例如：所有的青蛙都不是哺乳類動物。假設青蛙所成的集合為 A，而哺乳類動物所成的集合為 B，則因青蛙不是哺乳類動物，而任一種哺乳類動物也不是青蛙，故 $A \cap B = \phi$。

4. **特稱否定敘述**：有些 A 不是 B。即 $A - B \neq \phi$，其文氏圖如圖 8-10。

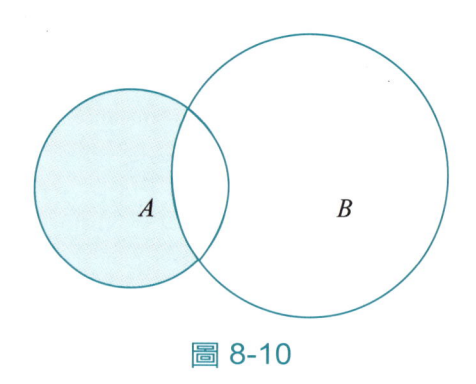

邏輯 入門

圖 8-10

例如：有些青蛙不是綠色的動物。假設青蛙所成的集合為 A，綠色的動物所成的集合為 B，則 $A - B \neq \phi$。

5. **單稱肯定敘述**：某個 a 是 A。即 $a \in A$，其文氏圖如圖 8-11。

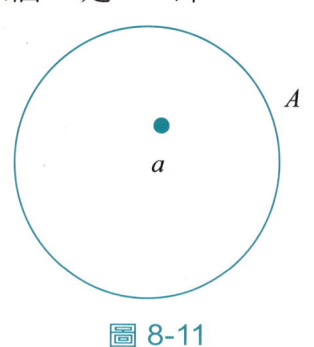

圖 8-11

例如：有隻青蛙是綠色的動物。假設 a 表某隻青蛙，綠色的動物所成的集合為 B，則 $a \in B$。

6. **單稱否定敘述**：某個 a 不是 A。即 $a \notin A$，其文氏圖如圖 8-12。

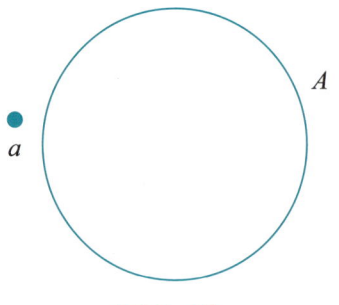

圖 8-12

例如：有隻青蛙不是綠色的動物。假設 a 表某隻青蛙，綠色的動物所成的集合為 B，則 $a \notin B$。

例題 8-23

前提 1：所有人都是動物。

前提 2：所有動物都會死。

試利用集合關係方式及文氏圖 (利用著色) 方式下結論。

解 首先以集合關係的方式說明：

設集合 A 是所有人所形成的集合，而集合 B 是所有動物所形成的集合，而集合 C 是所有會死之生物所形成的集合。由前提 1 得知 $A \subseteq B$，並由前提 2 得知 $B \subseteq C$，故得 $A \subseteq C$，也就是：所有人都會死。

再以文氏圖的方式說明，其文氏圖為：

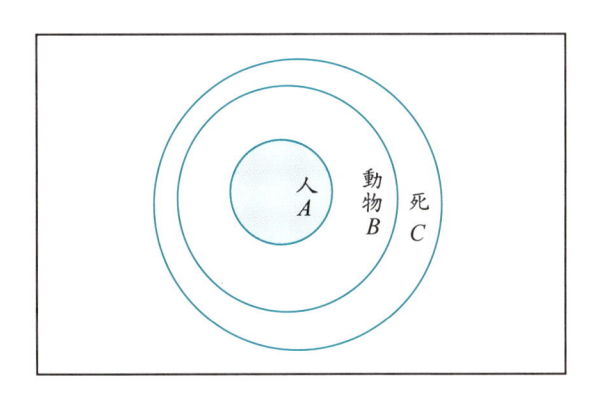

結論為：所有人都會死。

例題 8-24

前提 1：所有魚都不是植物。

前提 2：所有血鸚鵡都是魚。

試以集合關係方式及文氏圖 (利用著色方式) 下結論。

解 假設 $A = \{血鸚鵡\}$

$B = \{魚\}$

$C = \{植物\}$

邏輯入門

> 首先，我們以集合關係來推理：
> 前提 1 為：$B \cap C = \phi$
> 前提 2 為：$A \subseteq B$
> 故結論為 $A \cap C = \phi$。
> 再以文氏圖的方式說明，其文氏圖為
>
> （植物 C／血鸚鵡 A ⊆ 魚 B 的文氏圖）
>
> 結論為：所有血鸚鵡都不是植物。

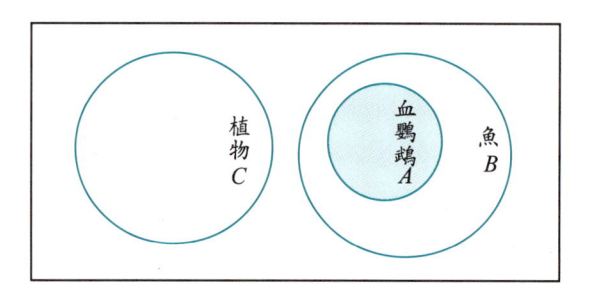

一般而言，使用文氏圖可避免用大量文字說明，在推理上顯得較為簡潔，因此，雖然用集合方式或用文氏圖方式的道理相同，但我們還是比較偏好用文氏圖方式來說明。以下為了方便起見，我們都用文氏圖方式說明，當然你也可以用集合方式說明，所得到的結論是相同的。

例題 8-25

前提 1：所有的青梅都是酸的。
前提 2：香瓜不是青梅。
結論：沒有一個香瓜會是酸的。
試問此推理是否正確？

解 我們直接用文氏圖來說明如下：

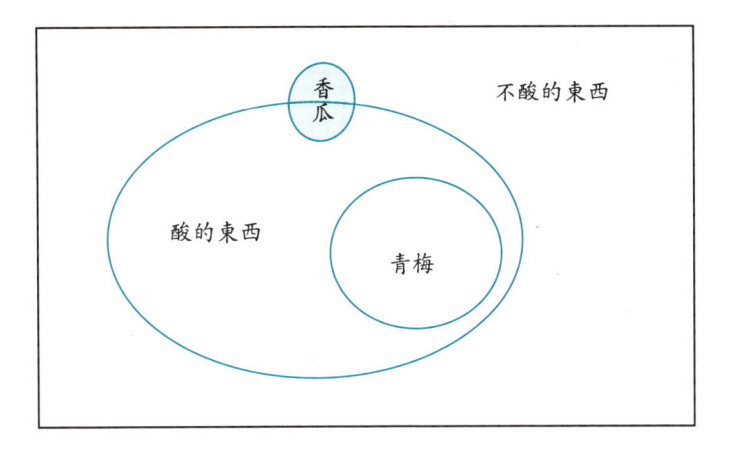

第八章 集　合

由上可知：香瓜在青梅那一圈的外面即可，因此，它有可能是酸的，也有可能不是酸的，所以此結論不正確。

例題 8-26

前提 1：所有愛打電玩的人成績都不理想。

前提 2：有些男孩子愛打電玩。

結論：愛打電玩的那些男孩子成績不理想。

試以文氏圖 (利用著色) 說明之。

解 其文氏圖為：

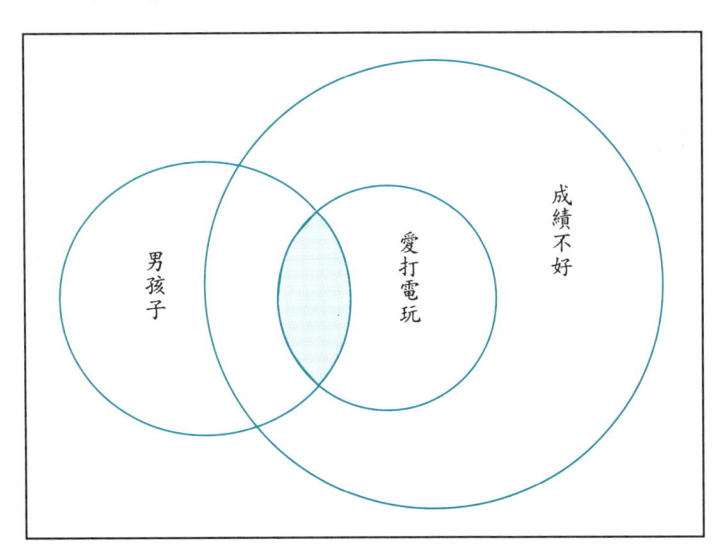

邏輯 入門

例題 8-27

前提 1：抽菸的人身體不好。

前提 2：有些孩子身體好。

結論：身體好的那些孩子不抽菸。

試以文氏圖 (利用著色) 說明之。

解 其文氏圖為：

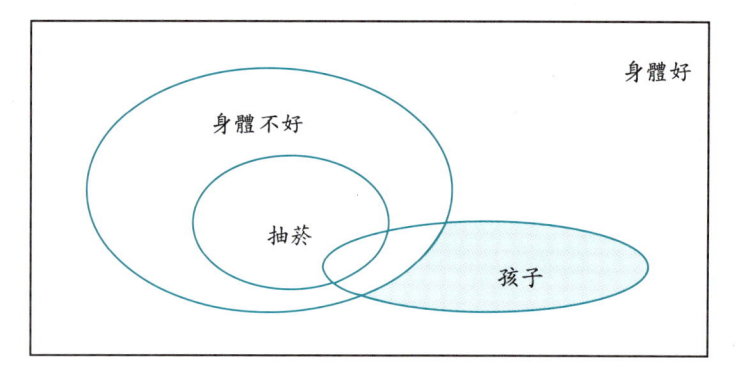

（身體不好、抽菸、孩子、身體好）

例題 8-28

前提 1：如果某人發燒，那麼某人生病。

前提 2：今天張三發燒。

試以文氏圖方式下結論。

解 其文氏圖為：

第八章 集 合

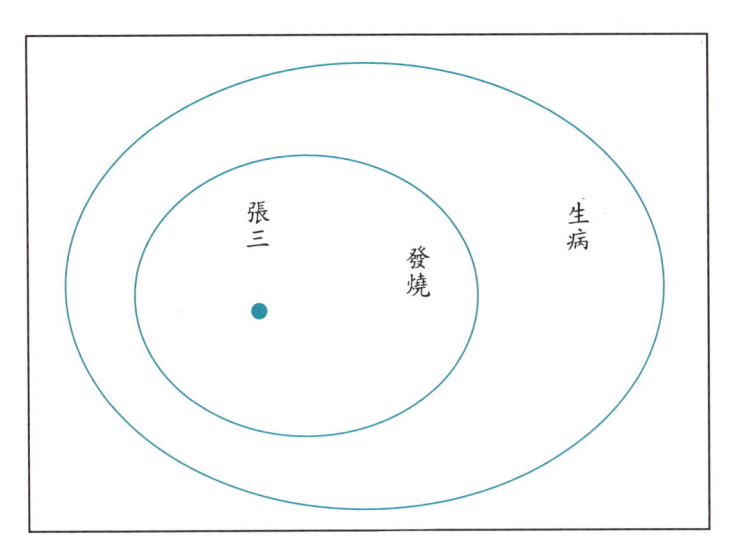

（圖：張三 ∈ 發燒 ⊂ 生病）

故結論為：張三生病。

*七、笛卡兒乘積

本節，我們介紹兩個集合的笛卡兒乘積，這將幫助我們定義兩個集合之間的關係。

笛卡兒 (René Descartes, 1596～1650 年)

笛卡兒是法國哲學家與數學家。他在哲學方面，奠定了理性主義的基礎(所謂理性主義有點中國「莊周夢蝶」的味道，即「我是誰」難以考證，但「我在思考」這件事反倒易於考證)；在數學方面，建立了平面座標系，也因此開啟了解析幾何。

定義 8-1

二個集合 A 和 B 的**笛卡兒乘積 (Cartesian products)** 亦為一個集合，記為 $A \times B$，其定義為

$$A \times B = \{(x, y) \mid x \in A \text{ 且 } y \in B\}$$

其中，若考慮 A 和 A 的笛卡兒乘積 $A \times A$，則可另用 A^2 記之。

我們也可用圖 8-13 來幫助理解 $A \times B$。

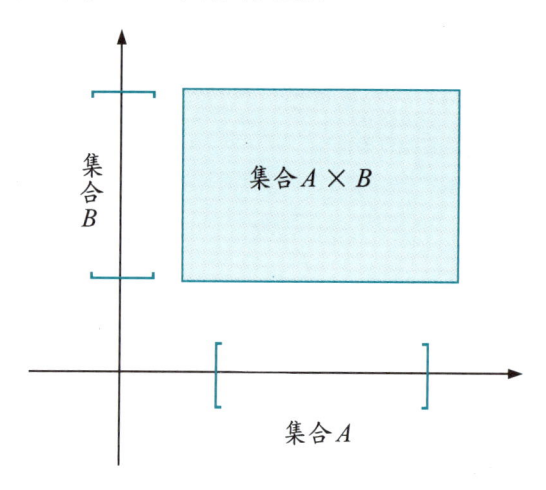

圖 8-13

因為數對 (x, y) 本身必須考慮其順序（即 $(1, 2) \neq (2, 1)$），因此由定義 8-3，我們可看出 $A \times B \neq B \times A$。此外，由排列組合的原理，不難得出下列定理。

定理 8-3

若集合 A 有 m 個元素，集合 B 有 n 個元素，則 $A \times B$ 有 mn 個元素。

例題 8-29

已知 $A = \{1, 2, 3\}$，$B = \{a, b\}$。求 $A \times B$。

解 $A \times B = \{(1, a), (1, b), (2, a), (2, b), (3, a), (3, b)\}$。

*八、關 係

在本節，我們要利用笛卡兒乘積來定義兩個集合之間的關係。

定義 8-2

已知集合 A 與集合 B，則 $A \times B$ 的任何一個子集合 R 均可定義出集合 A 到集合 B 的一個**關係 (relationship)** R。

若 $(x, y) \in R$，我們說集合的元素 x 與集合 B 的元素 y 有關係，並以 $x \sim y$ 記之。

若 $(x, y) \notin R$，我們說集合 A 的元素 x 與集合 B 的元素 y 無關係，並以 $x \nsim y$ 記之。

若特別考慮集合 A 到集合 A 的關係 R（所以 $R \subset A^2$），我們直接稱 R 為集合 A 上的關係。

現在，我們列出常見的關係，如表 8-1。如前所述，$\mathbf{R}$ 代表所有實數所成的集合，$\mathbf{Z}$ 代表所有整數所成的集合。

邏輯入門

表 8-1

常用的 關係名稱	常用的 關係記號	關係 R 對應到的 笛卡兒乘積之子集合
小於	$x < y$	$\{(x, y) \in \mathbf{R} \times \mathbf{R} \mid x < y\}$
等於	$x = y$	$\{(x, y) \in \mathbf{R} \times \mathbf{R} \mid x = y\}$
整除	$m \mid n$	$\{(m, n) \in \mathbf{Z} \times \mathbf{Z} \mid m \mid n\}$，這是表示 m 整除 n，其中 m 為除數，而 n 為被除數。
包含於	$S \subseteq T$	$\{(S, T) \in \mathbf{P(U)} \times \mathbf{P(U)} \mid S \subseteq T\}$，其中 $\mathbf{U}$ 為宇集合。
屬於	$x \in S$	$\{(x, S) \in \mathbf{U} \times \mathbf{P(U)} \mid x \in S\}$，其中 $\mathbf{U}$ 為宇集合。
同餘	$a \equiv b \pmod{n}$	$\{(a, b) \in \mathbf{Z} \times \mathbf{Z} \mid a \equiv b \pmod{n}\}$，這是表示兩整數 a、b 同除以 n 後，有相同的餘

在上表中，我們都是用笛卡兒乘積之子集合來定義集合間的關係。

例題 8-30

已知 $S = \{(x, y) \in \mathbf{R} \times \mathbf{R} \mid x^2 + y^2 = 64\}$。

(1) 說明 S 是 $\mathbf{R}$ 上的一個關係。

(2) 找出所有與 4 有關係的所有實數。

解 (1) 因 S 是 $\mathbf{R} \times \mathbf{R}$ 上的一個子集合，所以 S 是 $\mathbf{R}$ 上的一關係。

(2) 令 x 為與 4 有關係的實數，則 $x^2 + 4^2 = 64$，推得 $x \pm 4\sqrt{3}$。

例題 8-31

若 $R = \{(m, n) \in \mathbf{Z} \times \mathbf{Z} \mid m \cdot n$ 除以 3 以後有相同的餘數$\}$，則 R 是 $\mathbf{Z}$ 上的一個關係，試判斷下列敘述是否正確？
(1) $5 \sim 2$　(2) $5 \sim -1$　(3) $5 \sim 3$　(4) $5 \sim 5$。

解 因整數 m 除以 3 之後的餘數只有 $0 \cdot 1 \cdot 2$ 三種，商數可為負整數，但餘數不得為負。故 5 除以 3 的餘數為 2；-1 除以 3 的餘數為 2；2 除以 3 的餘數亦為 2；3 除以 3 的餘數為 0。所以本題正確的答案是 (1)、(2)、(4)。

例題 8-32

若 $D = \{(m, n) \in \mathbf{Z} \times \mathbf{Z} \mid m$ 是 n 的因數$\}$，則 D 是 $\mathbf{Z}$ 上的一個關係。試判斷下列敘述是否正確？
(1) $m \sim m$　(2) 若 $m \sim n$，則 $n \sim m$　(3) 若 $a \sim b$ 且 $b \sim c$，則 $a \sim c$。

解 我們分別就三個選項，一一檢視之。

(1) 因 m 是 m 的因數，所以 $m \sim m$。

(2) 若 $m \sim n$，表 m 是 n 的因數，則 n 是 m 的倍數，所以一般不會有 $n \sim m$（除非 $m = n$）。

(3) 若 $a \sim b$ 且 $b \sim c$，表 a 是 b 的因數且 b 是 c 的因數。因此 c 是 b 的倍數且 b 是 a 的倍數。也就是，我們可找到兩個整數 x 與 y，使得 $c = bx$ 且 $b = ay$，將後式代入前式可得

$$c = bx = (ay)x = a(yx)$$

因 $x \cdot y$ 均為整數，所以 yx 亦為整數，這代表 a 是 c 的因數，因此 $a \sim c$。

綜合以上三項，可知本題答案正確者為 (1) 與 (3)。

*九、等價關係與等價類

在本節，我們特別討論一種關係，稱為等價關係。

定義 8-3

已知 R 為集合 A 上的關係。
(1) 若對集合 A 上的每一個元素 x 而言，都有 $x \sim x$，我們就稱 R 有**反射性 (reflexivity)**。
(2) 對集合 A 上的任兩個元素 x 與 y 而言，若已知 $x \sim y$，就有 $y \sim x$，我們就稱 R 有**對稱性 (symmetry)**。
(3) 對集合 A 上的任三個元素 x、y 與 z 而言，若已知 $x \sim y$ 且 $y \sim z$，就有 $x \sim z$，我們就稱 R 有**傳遞性 (transtivity)**。

定義 8-4

已知 R 為集合 A 上的關係。若 R 有反射性、對稱性與傳遞性，我們就稱 R 是集合 A 上的**等價關係 (equivalence relation)**。其中，若 $a \sim b$，我們就稱「a 與 b 等價」。

例題 8-33

若 $A = \{1, 2, 3, 4\}$ 且 $R = \{(1, 1), (2, 2), (3, 3), (4, 4)\}$，則 R 是否為集合 A 上的等價關係？

解 因 R 有反射性、對稱性及傳遞性，所以 R 是集合 A 上的等價關係。

例題 8-34

若 $A = \{1, 2, 3, 4\}$ 且 $R = \{(1, 1), (1, 4), (2, 4), (4, 1), (4, 2)\}$，則 R 是否為集合 A 上的等價關係？

解 否。因 $(2, 2) \notin R$，所以 R 無反射性，故 R 不為 A 上的等價關係。

例題 8-35

若 $R = \{(m, n) \in \mathbf{Z} \times \mathbf{Z} \mid m \cdot n$ 除以 3 有相同的餘數$\}$，則 R 是否為集合 $\mathbf{Z}$ 上的等價關係？

解 是。我們一一檢驗如下：

(1) 因 m 與 m 除以 3 有相同的餘數，所以 $m \sim m$。因此 R 有反射性。

(2) 若 $m \sim n$，則表 m 與 n 除以 3 之後有相同的餘數，所以 $n \sim m$。因此 R 有對稱性。

(3) 若 $m \sim n$ 且 $n \sim l$，則表 m 與 n 除以 3 有相同餘數，且 n 與 l 除以 3 有相同的餘數。因此，m 與 l 除以 3 有相同的餘數，所以 $m \sim l$。這表示 R 有傳遞性。

基於以上三點得知：R 是 $\mathbf{Z}$ 上的等價關係。

例題 8-36

若 $\mathbf{U} = \{1, 2, 3\}$ 且 $R = \{(S, T) \in \mathbf{P}(\mathbf{U}) \times \mathbf{P}(\mathbf{U}) \mid S \subseteq T\}$，則 R 是否為集合 $\mathbf{P}(\mathbf{U})$ 上的等價關係？

解 令 $S = \{1\}$ 且 $T = \{1, 2\}$，則顯然 $S \subseteq T$ 但 $T \not\subseteq S$，即 R 無對稱性，因此，R 不為 $\mathbf{P}(\mathbf{U})$ 上的等價關係。

邏輯入門

例題 8-37

若 $R = \{(x, y) \in \mathbf{R} \times \mathbf{R} \mid x \leq y\}$，則 R 是否為集合 $\mathbf{R}$ 上的等價關係？

解 令 $x = 1$ 且 $y = 2$，則 $x \leq y$，但 $y \leq x$ 就不成立，即 R 無對稱性。所以，R 不為 $\mathbf{R}$ 上的等價關係。

例題 8-38

若 $R = \{(x, y) \in \mathbf{R} \times \mathbf{R} \mid x = y\}$，則 R 是否為 $\mathbf{R}$ 上的等價關係？

解 是。因為

(1) 對任意實數 x 而言，$x = x$，所以 $x \sim x$，故 R 有反射性。

(2) 對任意實數 x 及 y 而言，若 $x \sim y$，則 $x = y$，即 $y = x$，得 $y \sim x$。故 R 有對稱性。

(3) 對任意實數 x、y 及 z 而言，若 $x \sim y$，且 $y \sim z$，則 $x = y$ 且 $y = z$，即 $x = z$，這表示 $x \sim z$。故 R 有傳遞性。

綜合 (1) (2) (3) 得：R 有反射性、對稱性與傳遞性，所以 R 是 $\mathbf{R}$ 上的等價關係。

例題 8-39

若 $R = \{(m, n) \in \mathbf{Z} \times \mathbf{Z} \mid m$ 是 n 的因數$\}$，則 R 是否為 $\mathbf{Z}$ 上的等價關係？

解 否。例如：2 是 4 的因數，但 4 不為 2 的因數。這表示 $2 \sim 4$，但 $4 \nsim 2$。因此，R 不具對稱性，所以 R 不是 $\mathbf{Z}$ 上的等價關係。

第八章 集 合

對於集合 A 而言，若已知集合 A 有一等價關係，我們就可利用此一等價關係將集合 A 上的元素做分類。

定義 8-5

已知 R 為集合 A 上的等價關係 (我們也常直接用 ~ 來代表集合 A 上的某個等價關係)。對任何一個集合 A 上的元素 a 而言，定義

$$[a] = \{x \in A \mid x \sim a\}，$$

稱為 a 的**等價類 (equivalence classes)**。

我們可用定義 8-5 證出下面的定理 8-4。在此，我們僅列出定理本身，對於定理的證明，予以省略。

定理 8-4

如果 ~ 為集合 A 上的某個等價關係，則我們可用等價關係證得
(1) 對任何一個集合 A 上的元素 a 而言，$a \in [a]$。
(2) 對集合 A 上的兩個元素 a 與 b 而言，若 $a \sim b$，則 $[a] = [b]$。
(3) 對集合 A 上的兩個元素 a 與 b 而言，若 $[a] \neq [b]$，則 $[a] \cap [b] = \phi$ (也就是 $[a] = [b]$ 與 $[a] \cap [b] = \phi$ 二者必得其一，且不會同時成立)。

例題 8-40

令 ~ 為 $\mathbf{Z}$ 上的等價關係，並滿足若整數 m 與 n 除以 3 之後有相同的餘數，則 $m \sim n$。試找出在此等價關係之下，$\mathbf{Z}$ 上所有的等價類。

解 $\mathbf{Z}$ 共可分成三個等價類，如下所述：

$[0] = \{..., -3, 0, 3, 6, ...\}$

$[1] = \{..., -2, 1, 4, 7, ...\}$

$[2] = \{..., -1, 2, 5, 8, ...\}$

例題 8-41

令 $f(x) = x^2 - 4$，其中 x 是任意實數，且 $\sim = \{(a, b) \in \mathbf{R} \times \mathbf{R} \mid f(a) = f(b)\}$ 為 $\mathbf{R}$ 上的一個等價關係。

(1) 求 5 的等價類。

(2) 求 10 的等價類。

(3) 說明對任何一個實數 x 而言，$[x] = \{-x, x\}$。

解 (1) 若 x 與 5 等價，則 $x^2 - 4 = 5^2 - 4 = 21$

　　　$\Rightarrow x = 25 \Rightarrow x = \pm 5$，所以 $[5] = \{-5, 5\}$。

(2) 同(1)，可得 $[10] = \{-10, 10\}$。

(3) 對任意實數 x 而言，若 $y \in [x]$，表 $y \sim x$。

　　所以 $f(y) = f(x)$

　　也就是 $y^2 - 4 = x^2 - 4$

　　即 $y^2 = x^2$，因此 $y = \pm x$。

　　故，$[x] = \{-x, x\}$。

習 題

1. 試判斷下列各敘述的對錯，並將訂正錯誤。

    (1) $0 \in \{0, 1, 3\}$ (2) $\phi \subseteq \{\{4\}\}$ (3) $\{0\} \in \{0, 1\}$

    (4) $\{3, 5, 7\} = \{7, 3, 5\}$ (5) $\{0\} \subseteq \{\{4\}\}$ (6) $\{4\} \in \{\{4\}\}$

    (7) $\{\ \} \subseteq \{\{4\}\}$ (8) $\phi \subseteq \phi$ (9) $\{0, 1\} \subseteq \{a, 0, 1\}$

    (10) $\phi \in \{0\}$

2. 令 $A = \{1, 3, 7, 9\}$，$B = \{0, 2, 4, 8, 10\}$，$C = \{x \in \mathbf{Z} \mid x \text{ 為偶數}\}$，$D = \{x \in \mathbf{Z} \mid x \text{ 為奇數}\}$，下列敘述何者為眞？

    (1) $A \subseteq B$ (2) $B \subseteq C$ (3) $C \subseteq \mathbf{Z}$

    (4) $\mathbf{Z} \subseteq \mathbf{R}$ (5) $A \cap B = \phi$ (6) $C \cup D = \mathbf{Z}$

    (7) $A \cap D = A$ (8) $B \cup C = B$ (9) $A \cap D \cap \mathbf{R} = D$

    (10) $(A \cap B) \cup C = C$

3. 選擇 $\in$、$\notin$、$=$、$\subseteq$、$\supseteq$ 中最適當的符號填入空格內。

    (1) $\{a\}$ _____ $\{a\}$

    (2) $\{a\}$ _____ $\{a, b, c, d\}$

    (3) $\{a\}$ _____ $\{\{a\}, \{b, c\}, d\}$

    (4) 5 _____ $\{4, 6\}$

    (5) $\{4, 6\}$ _____ $\{6, 4\}$

    (6) $\{2, 3, 4\}$ _____ $\{2, 4\}$

4. 若 $A \subseteq B \subseteq C$ 且 $a \in A$、$b \in B$、$c \notin A$、$d \notin C$，則下列何者正確？

    (1) $a \in C$ (2) $b \in A$ (3) $c \notin B$ (4) $c \notin A$ (5) $d \notin A$

邏輯入門

5. 若 $A = \{3, \{3\}, \{4\}, \{3, 4\}\}$，則下列何者正確？

(1) $3 \in A$　(2) $\{3\} \in A$　(3) $\{3\} \subseteq A$　(4) $4 \in A$　(5) $\{4\} \in A$

6. 若 $A = \{a, b, \{a, b\}\}$，則下列何者正確？

(1) $\{a\} \in A$　(2) $\{a\} \subseteq A$　(3) $\{a, b\} \in A$　(4) $\{a, b\} \subseteq A$　(5) $\{a, \{b\}\} \in A$

7. 試判斷下列各敘述何者為真？

(1) $\phi \in \{\phi\}$　(2) $\phi \subseteq \{\phi\}$　(3) $\phi \in \{0\}$

8. 試問 $\overline{(A \cap \overline{B}) \cup B}$ 與下列何者相等？

(1) $\overline{A} \cup \overline{B}$　(2) $\overline{A} \cap \overline{B}$　(3) $\overline{A} \cap B$　(4) $\overline{A} \cup B$　(5) $A \cap B$

9. 在下列十二個集合中，試將相等的集合寫在一起。

$\{a, a\}$　　$\{2a\}$　　$\{a^2\}$　　$\{2a, a+a\}$

$\{a, b\}$　　$\{b, a\}$　　$\{a, b, b, a\}$　　$\{2a^2\}$

$\{2a, 2b\}$　　$\{a\}$　　$\{a, a, a\}$　　$\{a, a+a, a^2+a^2\}$

10. 求 $P(\{1, 2, 3\})$ 及其元素個數。

11. 設 $A \supseteq B \supseteq C$，求下列各集合：

(1) $A \cup B$　(2) $A \cap B$　(3) $C \cup A$　(4) $B \cap C$

(5) $A \cap B \cap C$　(6) $A \cup (B \cap C)$

12. 設 $A = [-3, 1]$，$B = [-1, 2]$，求下列各集合：

(1) $A \cup B$　(2) $A \cap B$　(3) $A - B$　(4) $B - A$　(5) 在 **R** 中的餘集合 A^c

13. 試以文氏圖說明笛摩根 (De Morgan) 法則：

(1) $A - (B \cup C) = (A - B) \cap (A - C)$

(2) $A - (B \cap C) = (A - B) \cup (A - C)$

14. 試判斷下列敘述的對錯，其中 A、B、C 表三個不同的集合。

(1) 若 $A \subseteq (B \cup C)$，則 $A \subseteq B$ 或 $A \subseteq C$。

(2) 若 $A \subseteq (B \cap C)$，則 $A \subseteq B$ 或 $A \subseteq C$。

(3) 若 $A \subseteq B$，則 $A^c \subseteq B^c$。

(4) $(A - B) \cup (B - A) = (A \cup B) - (B \cap A)$。

15. 若 A 表四邊形所成的集合，B 表平行四邊形所成的集合，C 表菱形所成的集合，則 $A \cap B \cap C$ 表何種集合？

16. 設 $U = \{1, 2, 3, 4, 5, 6, 7, 8, 9, 10\}$，$A = \{1, 4, 7, 10\}$，$B = \{1, 2, 3, 4, 5\}$。試以窮舉法寫出下列各集合：
    (1) $A - B$ (2) $B - A$ (3) $\overline{A}$ (4) $\overline{B}$ (5) $\overline{A} \cap B$ (6) $A \cap \overline{B}$
    (7) $\overline{A} \cap \overline{B}$ (8) $\overline{A} \cup \overline{B}$ (9) $\overline{A - B}$ (10) $\overline{B - A}$ (11) $\overline{A \cup B}$ (12) $\overline{A \cap B}$

17. 設 $U = \{x \in \mathbf{R} \mid -13 \leq x \leq 13\}$，$A = \{x \in \mathbf{R} \mid -2 \leq x \leq 3\}$，$B = \{x \in \mathbf{R} \mid 0 \leq x \leq 5\}$。試寫出下列各集合：
    (1) $A - B$ (2) $B - A$ (3) $\overline{A}$ (4) $\overline{B}$ (5) $A \cap B$ (6) $\overline{A \cap B}$
    (7) $A \cup B$ (8) $\overline{A \cup B}$ (9) $\overline{A} - B$ (10) $A - \overline{B}$

18. 設 $U = \{1, 2, 3, 4, 5, 6, 7, 8, 9\}$，$A \cap B = \{1\}$，$\overline{A} \cap B = \{4, 6, 8\}$，$\overline{A} \cap \overline{B} = \{2, 7\}$，求 A 與 B。

19. 多倫多有 65% 的人會說英語，48% 的人會說法語，若多倫多的人至少會說法語或英語，則二種語言都會說的百分比為何？

20. 這次高斯獎數學競試，若休閒系一年甲、乙班共 79 人參加，幼保系一年甲、乙班共 86 人參加，休閒系一年甲班與幼保系一年甲班共 82 人參加，試問休閒系一年乙班與幼保系一年乙班共多少人參加這次高斯競試？

21. 設 A 表不大於 300 且為 2 的倍數所成的正整數集合，B 表不大於 300 且為 3 的倍數所成的正整數集合，C 表不大於 300 且為 5 的倍數所成的正整數集合，求 $n(A \cup B \cup C)$。

22. 年度校園美女的競賽已進入最後階段，結果由甲、乙、丙三大美女脫穎而出，但必須由 100 位評審對她們三人分別投或不投支持票，以便統計分出勝負。已知：支持甲的有 29 人，支持乙的有 38 人，支持丙的有 38 人，而同時支持甲及乙的有 7 人，同時支持乙及丙的有 10 人，同時支持甲及丙的有 13 人，同時支持甲乙丙三人的有 2 人。試求下列

問題的人數。

(1) 只支持甲或乙。

(2) 只支持甲或乙或丙當中一人。

(3) 只支持甲、乙、丙三人中的二人。

(4) 在甲、乙、丙三人中，至少不支持其中一人。

(5) 在甲、乙、丙三人中，至少支持其中一人。

(6) 在不支持甲的人，又支持乙的。

23. 前提1：若有雞蛋，則有豬。

    前提2：我有雞和蛋。

    結論為下列四種的哪一種？

    (1) 我有豬　(2) 我沒有豬　(3) 我有雞蛋　(4) 不能確定我是否有豬

24. 根據：(1) 雪是白的。

    　　　(2) 白鵝不是雪。

    是否可以推斷「白鵝不是白的」？為什麼？

25. 有人這樣說：「所有的烏鴉都是黑的，而大多數的豬也是黑的，所以大多數的豬都是烏鴉。」這樣推論正確嗎？

26. 官員張某因貪污而被起訴，他在法庭上大言不慚的為自己辯護：「因為鬧緋聞的官都不是好官，而我張某從來不鬧緋聞，所以我張某是個好官。好官就不應該被判罪，所以法官應該判我無罪。」你同意張某的說法嗎？

27. 前提1：愛斯基摩土著都穿黑衣服。

    前提2：北婆羅洲土著都穿白衣服。

    前提3：絕對沒有穿白衣服的人，又穿黑衣服。

    前提4：P是一個穿白衣服的人。

    根據上面的四個前提，可推得下列哪一個結論？

(1) P 是北婆羅洲土著。

(2) P 不是愛斯基摩土著。

28. 前提 1：所有的詩人都是清苦的。

    前提 2：要當教員必須要大專畢業。

    前提 3：有些數學家是詩人。

    前提 4：沒有一個大專畢業生是清苦的。

    根據上述前提，下列何者為其正確的結論？

    (1) 有些 (但非全部) 數學家是教員。

    (2) 有些 (但非全部) 教員不是數學家。

    (3) 當教員不清苦。

    (4) 有些 (但非全部) 數學家不是清苦的。

    (5) 詩人都不是教員。

以下第 29～41 題為選材第七節至第九節的習題。

29. 已知 $A = \{1, 2\}$，$B = \{a, b, c, d\}$，$C = \{1, a, b\}$。試以窮列法寫出下列各集合。

    (1) $A \times B$ (2) $B \times A$ (3) $A \times C$ (4) A^2 (5) $A \times (B \cap C)$

    (6) $(A \times B) \cap (A \times C)$ (7) $A \times \phi$ (8) $B \times \{2\}$

30. 若 $A = \{a, b, c\}$，$B = \{p, q, r\}$，且 $R = \{(a, p), (b, q), (c, p), (a, q)\}$。試判斷下列敘述是否正確？

    (1) R 是集合 A 到集合 B 的關係   (2) $a \sim p$ (3) $a \sim r$。

31. 若 $A = \{a, b, c\}$ 且 $R = \{(a, a), (a, c), (b, b), (b, c), (c, a), (c, b)\}$。試判斷下列敘述是否正確？

    (1) R 是集合 A 上的關係   (2) 對任何一個集合 A 上的元素 x 而言，$x \sim x$

    (3) 若 $x \sim y$，則 $y \sim x$ (4) 若 $x \sim y$ 且 $y \sim z$，則 $x \sim z$。

32. 若 $S = \{(x, y) \in \mathbf{R} \times \mathbf{R} \mid x^2 + y^2 = 100\}$。

(1) 說明 S 是 $\mathbf{R}$ 上的一個關係。

(2) 找出所有與 8 有關係的實數。

33. 若 $S = \{(m, n) \in \mathbf{Z} \times \mathbf{Z} \mid m \cdot n$ 除以 5 以後有相同的餘數$\}$。試判斷下列敘述是否正確？

(1) $5 \sim 19$　(2) $-1 \sim 6$　(3) 若 $x \sim y$，則 $y \sim x$。

34. 若 $A = \{a, b\}$ 且 $R = \{(a, b)\}$，則 R 是否為集合 A 上的等價關係？

35. 若 $R = \{(x, y) \in \mathbf{R} \times \mathbf{R} \mid |x| + |y| = 4\}$，則 R 是否為 $\mathbf{R}$ 上的等價關係？

36. 若 $A = \{1, 2, 3, 4, 5\}$ 且 $R = \{(1, 1), (2, 2), (3, 3), (4, 4), (5, 5)\}$，則 R 是否為集合 A 上的等價關係？

37. 若 $R = \{(m, n) \in \mathbf{Z} \times \mathbf{Z} \mid m \cdot n$ 除以 7 有相同的餘數$\}$，則 R 是 $\mathbf{Z}$ 上的等價關係嗎？

38. 若 $S = \{(x, y) \in \mathbf{R} \times \mathbf{R} \mid x - y \in \mathbf{Z}\}$，則

(1) S 是 $\mathbf{R}$ 上的一個等價關係嗎？

(2) 找出所有與 $\sqrt{2}$ 有關係的實數。

39. 令 $\sim$ 為 $\mathbf{Z}$ 上的等價關係：若整數 a 與 b 除以 2 之後有相同的餘數，則定 $a \sim b$。在此等價關係之下，試找出 $\mathbf{Z}$ 上所有的等價類。

40. 令 $\sim$ 為 $\mathbf{Z}$ 上的等價關係：若整數 a 與 b 除以 7 之後有相同的餘數，則定 $a \sim b$。在此等價關係之下，試找出 $\mathbf{Z}$ 上所有的等價類。

41. 令 $A = \{0, 1, 2, 3, \cdots, 999, 1000\}$。設 R 是集合 A 上的關係且定為：對集合 A 上的兩個元素 x 與 y，若 $x \cdot y$ 有相同的位數，則定 $x \sim y$。

(1) 說明 R 是集合 A 上的一個等價關係。

(2) 在此等價關係之下，試找出集合 A 上所有的等價類。

第九章　邏輯推理謎題

　　坊間，很多以趣味出發的邏輯推理謎題，其種類包羅萬象，從古典的說謊問題，到盛極一時的數獨均是。本章，將分門別類介紹這些推理謎題，我們將發現，很多解題技巧其實源自於前面各章的理論，你也可不去管這些理論，直接享受解開謎題的樂趣。不過，我們建議試著自己解題，再對答案，因此本章之例題解答不直接列於題目下面，而是列於本章例題之後。

　　我們非常鼓勵大家閒暇時做些邏輯推理謎題，不但可增進邏輯推理能力，也可怡情養性。其中，《五分鐘推理》是個很值得看一看、想一想的系列 (目前約有四本)。其原因有二：第一，它題目較長 (大約一本書只有 34 至 38 個謎題或案件)，內容充斥很多不必要的資訊，吸引讀者注意力，有混淆視聽之效，而這種情境其實是比較貼近真實生活的。現實生活中，光是篩選有用的資訊，就得花很多時間，不像解數學習題，或以下這些推理謎題，都已幫助我們去蕪存菁，只留下有用的訊息；第二，真正的解謎，除了正確的思考方式(這也正是本書的宗旨)，豐沛的知識也不可缺，而這種感覺放在較擬真的情境中格外明顯。

　　現在，還是自己小試身手吧！

一、邏輯分析 (類似 GRE 分析之題組)

這一類型的邏輯推理多以題組的方式呈現。它會先說明其前提，而我們必須依其前提選出唯一的一個最佳選項。此一類型的題目是早期 GRE 及 GMAT 的題型。所謂 GRE 及 GMAT 是美國大學招考研究生的入門考試之一 (即便是美國人申請研究所也要考，而 TOEFL 則是針對非英語系國家學生的語文能力測驗)。因為不論其主修學科為何，研讀論文或撰寫論文無一不用到基本的邏輯推理。

下列選擇題均為單選題，請依其前提，於每一題選出唯一最佳的選項。

註：本章節題目改編自 GRE 模擬考題庫。

例題 9-1

在某一個藝術展覽會中，需將五件雕塑品放在編號 1～5 之架子上。然而，現在有八件雕塑品 (其編號為 M、N、P、Q、R、S、T、U) 可供選擇。為此，館長規定如下：

(一) 在 M 或 U 中，至少有一者一定要被展示。
(二) 若 M 為展示品之一，則 M 必放在架子 1。
(三) 放在架子 3 的，不是 R 就是 S。
(四) 若 T 為展示品之一，則 P 也必為展示品，且兩者必須放在相鄰之架子上。

第九章　邏輯推理謎題

1. 下列五者中，何者可能是展示品(其順序為架子1～5)？

	1	2	3	4	5
(1)	M	R	T	P	Q
(2)	N	T	S	U	Q
(3)	P	T	S	R	U
(4)	T	P	R	S	M
(5)	U	N	Q	P	T

2. 若 S 放在架子 1，則下列哪一個敘述一定是對的？
    (1) P 放在架子 4
    (2) R 放在架子 3
    (3) T 放在架子 2
    (4) T 放在架子 4
    (5) U 放在架子 5

3. 若 T 放在架子 5，下列哪一對組合可以放在相鄰之架子上？
    (1) M 與 P
    (2) Q 與 N
    (3) Q 與 P
    (4) R 與 T
    (5) U 與 R

4. 若 U 放在架子 4 上，下列何者不可以放在架子 5？
    (1) N
    (2) P
    (3) Q
    (4) R
    (5) T

5. 若 T 放在架子 2，則下列哪一件雕塑品必為展示品？
    (1) M
    (2) N
    (3) R
    (4) S
    (5) U

邏輯入門

6. 若 P 不是展示品之一，但 R 放在架子 1 上，則下列哪一種組合必為展示品？(此一組合只是按字母順序並不一定是按此順序放在架子上。)
   (1) M Q T U
   (2) N Q S T
   (3) N Q S U
   (4) N S T U
   (5) Q S T U

7. 若 Q、R、S 三者同時被選為展示品，且 Q 和 R，Q 和 S 均相鄰，則下列何者必定是對的？
   (1) N 不是在架子 4，就是在架子 5。
   (2) Q 不是在架子 2，就是在架子 4。
   (3) R 不是在架子 1，就是在架子 3。
   (4) S 不是在架子 3，就是在架子 5。
   (5) U 不是在架子 2，就是在架子 4。

例題 9-2

某公司必須選出三人組成一委員會。來自財政部門的人選有 F、G、H 三人，而來自執行部門的人選有 K、L、M 三人。委員會的規定如下：

(一) 委員中必須至少有一人來自財政部門，並至少有一人來自執行部門。
(二) 若 F 為委員之一，則 G 必不為委員。
(三) H 和 L 必須同時任委員，他們二人不能單獨任委員。
(四) 若 K 任委員，則 M 也必須為委員。

1. 下列何者可能是委員會之成員？
   (1) F H M
   (2) G L M

(3) H K L

(4) H L M

(5) K L M

2. 若在委員會中，來自財政部門的佔多數，則委員會中必有誰？

   (1) F

   (2) G

   (3) M

   (4) L

   (5) K

3. 若委員會中，來自執行部門的佔多數，則委員會中必有誰？

   (1) F

   (2) G

   (3) K

   (4) L

   (5) M

4. 若 F 和 M 同為委員，則下列敘述何者必正確？

   (1) 委員會中，來自財政部門的佔多數。

   (2) 委員會中，來自執行部門的佔多數。

   (3) G 亦在委員會中。

   (4) L 亦在委員會中。

   (5) K 不在委員會中。

5. 若現在將委員會改成 4 人制，則下列敘述，何者必正確？

   (1) 若 F 為委員，則 M 亦為委員。

   (2) 若 G 為委員，則 K 亦為委員。

   (3) 若 H 為委員，則 F 亦為委員。

   (4) 若 L 為委員，則 G 亦為委員。

   (5) 若 M 為委員，則 K 亦為委員。

邏輯 入門

> **例題 9-3**
>
> 　　有一個農夫，他一向只種下列幾種蔬果：青豆、玉米、地瓜葉、豌豆以及南瓜。每年，他由上述五種蔬果依下列規則不多不少選出三種栽種。
>
> (一) 若該年種玉米，則該年也種青豆。
> (二) 該年種的蔬果中，頂多一種可於下一年栽種。
> (三) 若該年種地瓜葉，則下一年不可種地瓜葉。
>
> 　　若農夫今年種青豆、玉米、地瓜葉，則他後年可能種什麼？
> (1) 青豆、玉米、地瓜葉。
> (2) 青豆、玉米、豌豆。
> (3) 青豆、地瓜葉、豌豆。
> (4) 青豆、豌豆、南瓜。
> (5) 地瓜葉、豌豆、南瓜。

二、配對問題

　　這邊要介紹的推理謎題，以配對問題為主。所謂**配對問題**是指有二組人（或事或物）在給定的前提下找出唯一的一套解答。在此，我們常用矩陣方式將給定的前提分別以「O」、「X」表示「成立」、「不成立」，因為這可以有助於我們快速正確的尋求解答。接下來，請解下列各例題，其中例題 9-4 至 9-9 列出詳解，其他各題之作法類似，所以只列答案。

第九章　邏輯推理謎題

例題 9-4

　　好心的阿婆八卦嬸說：「陳家和李家的是非真是說不清了。李家的三個兒子，阿明、阿華和阿新，他們愛上了陳家的三位小姐，小美、小玉和小玲。」阿林從不扯閒話，但是，他非常清楚小鎮發生的一切。他說：「什麼事說不清了？」八卦嬸說：「哎喲，阿明正戀著小美，但小美特別愛阿新，而阿新想要小玉。」阿林微然一笑，沒說什麼。他知道八卦嬸最後說的沒有一句是真話。三個小伙子和三位姑娘相處很好，他們已經成雙成對結成良緣，而且雙方父母也很滿意。請問：這三對幸福伴侶分別是誰與誰？

例題 9-5

　　四位大學女生分租一間公寓，她們正在聽音樂，其中一位在修指甲，一位在整理頭髮，一位在化妝，一位在讀書。已知：
(1) 小玉不在修指甲，也不在讀書。
(2) 小美不在化妝，也不在修指甲。
(3) 若小玉不在化妝，則小妮不在修指甲。
(4) 小莉不在讀書，也不在修指甲。
(5) 小妮不在讀書，也不在化妝。
請問四位女孩正在做什麼？

例題 9-6

　　小王、小張和小李在一起，一位是工人，一位是農民，一位是戰士。現在只知道：小李比戰士年紀大，小王和農民不同歲，農民比小張年齡小。請你想一想：誰是工人？誰是農民？誰是戰士？

邏輯入門

例題 9-7

小劉、小馬、小張三個男孩都有一個妹妹，六個人在一起打乒乓球，舉行男女混合雙打。事先規定：兄妹二人不搭伴。第一盤：小劉和小萍對小張和小英；第二盤：小張和小紅對小劉和小馬的妹妹。小萍、小紅、小英各是誰的妹妹？

例題 9-8

甲、乙、丙、丁四人在一家五星級大飯店相遇。交談時，發生了語言溝通上的困擾。因為在中、英、法、日四種語言中，每個人只會兩種，卻選不出一種大家都會的語言，只有一種語言是三個人都會的。於是，交談時發生有趣的現象！
(1) 乙不會英語，但甲和丙交談時。卻要請他當翻譯。
(2) 甲會日語，雖然丁不懂日語，卻能相互交談。
(3) 乙、丙、丁三人想相互交談，不過，找不到大家都會的語言。
(4) 沒有人既會日語，又會法語。
試問甲、乙、丙、丁四人各會什麼語言？

例題 9-9

小李、小陳和小孫是小學老師，在國語、數學、歷史、地理、音樂和美術六門課中，每人教兩門科目。
(1) 歷史老師和數學老師是鄰居。
(2) 小陳最年輕。
(3) 小李經常對地理老師和數學老師講他看的小說。
(4) 地理老師比國語老師年紀大。

(5) 小陳、音樂老師和國語老師三人經常一起游泳。
請你分析一下，小陳、小李和小孫三位老師每人教的是哪兩門課？

例題 9-10

有三戶人家，每家有一個孩子，他們的名字是：小萍 (女)、小紅 (女)、小虎。孩子的爸爸是老王、老張和老陳，媽媽是劉美英、李玲君和方麗華。已知：
(1) 老王家和李玲君家的孩子都參加了少年女子游泳隊。
(2) 老張的女兒不是小紅。
(3) 老陳和方麗華不是一家。
請問哪三個是一家人？

由上面諸例題的練習，相信大家對於用矩陣來解配對問題，已有大致上的了解，接下來三個例題是稍難的挑戰題，尤其是例題 9-13，建議在做該題時，要利用「假設」以利解題。

例題 9-11

四位運動員分別來自台北、台東、花蓮和澎湖，在游泳、田徑、乒乓球和足球四項運動中，每人只參加了一項。除此之外，只知道一些零碎情況：
(1) 阿明是球類運動員，不是東部人。
(2) 阿志是東部人，不是球類運動員。
(3) 阿勇和台北運動員、乒乓球運動員同住一個房間。
(4) 阿新不是台北運動員，年紀比澎湖運動員和游泳運動員都小。
(5) 花蓮運動員沒有參加游泳比賽。
根據這些條件，請你分析一下：這四位運動員各來自什麼地方？各參加什麼運動？

邏輯入門

例題 9-12

體育館裡正在進行一場精彩的羽毛球雙打比賽，已知：
(1) 小關比小李年輕。
(2) 小趙比他的兩個對手年齡都大。
(3) 小關比他的伙伴年紀大。
(4) 小李與小關的年齡差距要比小趙與小張的差距更大一些。
請分析一下他們四人的年齡順序(從小到大)，判斷誰和誰搭伴？

例題 9-13

老張、老劉、老李和老趙，一個是老師，一個是店員，一個是工人，一個公務員。請根據下面零星情況，判斷每個人的職業是什麼？
(1) 老張和老劉是鄰居，每天一起騎車去上班。
(2) 老劉比老李年齡大。
(3) 老張正在教老趙打太極拳。
(4) 老師每天步行上班。
(5) 店員的鄰居不是公務員。
(6) 公務員和工人互不相識。
(7) 公務員比店員和工人年齡都大。

　　有時，當要配對的元素太多，我們就不一定用上述的矩陣法幫助解題，也可直接將答案寫成表格形式，而解題時只需將空格中確定的答案一一填入即可。這種填空法如例題 9-14 所示。

例題 9-14

從左至右編號為 1 至 5 的房屋排成一列，所有房屋的外表顏色都不一樣，所有的屋主來自不同的國家，並養不同的寵物、喝不同的飲料、抽不同的香菸。已知：

(1) 英國人住在紅色房屋。
(2) 瑞典人養了一隻狗。
(3) 丹麥人喝茶。
(4) 綠色的房子緊鄰白色的房子，且在白色的房子左邊。
(5) 綠色房屋的屋主喝咖啡。
(6) 抽 Pall Mall 香菸的屋主養鳥。
(7) 黃色屋主抽 Dunhill。
(8) 位於最中間的屋主喝牛奶。
(9) 挪威人住在 1 號屋。
(10) 抽 Blend 的人住在養貓人家的隔壁。
(11) 養馬的屋主隔壁住抽 Dunhill 的人家。
(12) 抽 Blue Master 的屋主喝啤酒。
(13) 德國人抽 Prince。
(14) 挪威人住在藍色的房子隔壁。
(15) 只喝開水的人住在抽 Blend 的隔壁。

問題：請問誰養魚？

三、說謊問題

說謊問題是流傳已久、堪稱「古典」的推理謎題。其形式不外乎針對某特定事件，一些人分別提出其看法，但其說法有真有假。而我們通常由矛盾處出發，再判斷各人說法的真假，進而解題。正如前述，說謊問題的解題理論多源自於第五章介

紹的不矛盾律與排中律。其中例題 9-15 至 9-20 列出詳解，其他各題僅列答案。

例題 9-15

紅、藍、黃、白、紫五種顏色的珠子各一顆，都用紙包著，擺在桌上。有甲、乙、丙、丁、戊五個人猜紙包裡的珠子的顏色，每人限猜兩包。甲猜：「第二包是紫的，第三包是黃的。」乙猜：「第二包是藍的，第四包是紅的。」丙猜：「第一包是紅的，第五包是白的。」丁猜：「第三包是藍的，第四包是白的。」戊猜：「第二包是黃的，第五包是紫的。」猜完了打開紙包一看，每人都猜對了一種，並且每包都有一個人猜對。現在，請你也猜一猜，他們各猜中哪一種顏色的珠子？

例題 9-16

這次高斯獎數學競賽，A、B、C、D、E 五位同學得了前五名。

A 說：「B 是第三，C 是第五。」
B 說：「D 是第二，E 是第四。」
C 說：「A 是第一，E 是第四。」
D 說：「C 是第一，B 是第二。」
E 說：「D 是第二，A 是第三。」
老師說：「你們每個人都猜對了一半。」

老師這麼一說，五位同學就把名次弄明白了。請你想一想，他們是怎樣分析的呢？

例題 9-17

A、B、C三人中只有一個人從不說謊，但不誠實的有時也會講真話，現在A說：「B從不說謊，C說謊。」B說：「C從不說謊。」那麼他們三人中誰是從不說謊的人？

例題 9-18

有甲、乙、丙三位和尚，其中一位是「君子和尚」，他永遠不說謊；另一位是「好好和尚」，他總說別的和尚是君子；第三位是「說謊和尚」，他從不說真話。有一天，甲說：「丙是說謊和尚。」乙說：「甲是君子和尚。」丙說：「乙是好好和尚。」請你從這幾句話判別甲、乙、丙各為何種和尚？

例題 9-19

某日，當我聽到玻璃被打碎的聲音出來時，幾個孩子正在我家後院玩耍。我看見四個孩子都瞧著車庫窗子的碎玻璃。很顯然，是他們之中的某一個人把玻璃打碎的。

安安說：「阿勇把玻璃打破了。」

阿勇很生氣，他向我保證說是翔奇打破的。

他妹妹莉莉說：「那不是我打破的。」

翔奇一副事不關己的樣子說：「阿勇說謊。」

他們之中僅有一個人說的是實話，那誰是闖禍者呢？

邏輯入門

例題 9-20

富商郭先生有一位才貌雙全的獨生女，求婚者絡繹不絕。多數求婚者還沒步入門庭，就被拒之門外了。因為富商在門口擺三個盒子，一個金盒、一個銀盒、一個銅盒，而富商獨生女的照片就放在其中的一個盒子裡。每個盒子上都寫有一句話，其中只有一句話是真話。金盒上寫著：「照片在此盒中。」銀盒上寫著：「照片不在此盒。」銅盒上寫著：「照片不在金盒裡。」選對了，才能進客廳回答其他的問題。請問富商獨生女的照片放在哪個盒子裡？

例題 9-21

傳說古代有一個說謊國和一個老實國。說謊國的人口是心非，非說假話不可，從來不說一句真話。老實國的人實事求是，一句假話也不說。有一天，兩個說謊國的人混在老實國人中間，想偷偷進入老實國。他們兩個和一個老實國的人進城的時候，哨兵問他們三人：「你們是哪個國家的人？」第一個回答說：「我是老實國人。」第二個聲音輕，哨兵沒聽清楚，於是指著第二個人問第三個：「他是哪國人，你又是哪國人？」第三個回答說：「他是老實國人，我也是老實國人。」哨兵只知道三個人中間只有一個是老實國人，可是不知道是誰。他面對這樣的回答，應該如何做分析？

例題 9-22

小張、小王、小李三人談年齡，每人說了三句話，都是兩句是真話，一句是假話。小張：「我今年才 22 歲。我比小王還小兩歲。我比小李大一歲。」小王：「我不是年齡最小的。我和小李相差三歲。小李 25 歲了。」小李：「我比

小張小。小張 23 歲了。小王比小張大三歲。」請你想一想：他們三人各多少歲？

例題 9-23

五個休假者在俱樂部相遇，談起了她們的住地。A：「我住在 a 地，B 住在 a 地，而 C 住在 b 地。」B：「我住在 c 地，E 住在 c 地，C 住在 b 地。」C：「我不住在 b 地，A 不住在 d 地，D 仍住在 e 地。」D：「我父親住在 a 地，母親住在 b 地，而我本人住在 f 地。」E：「A 來自 a 地，B 一樣來自 a 地，我本人生活在 f 地。」我們發現，每個參加交談的人說的話中，有兩句說的是真的，一句是假的。試問每個休假者究竟住在哪個城市？

四、分析推論 (類似 GRE 分析之選擇題)

這一類問題其實也是源自於 GRE 的分析題目。它通常會提供某些前提，我們必須依照知識 (或常識)，選出最佳的一個答案。注意：題目中常會有本身言之成理但卻答非所問的選項，請千萬不要選擇此一答案。其中例題 9-24 至 9-27 列出詳解，至於其他各題則僅列答案。建議大家做題目時，不要只會猜答案，也要能試著說明其原因。

註：本章節題目改編自 GRE 模擬考題庫。

例題 9-24

　　物理治療師發現因無法戒菸或是罹患過食症而來求助的人，很少能經由療程而成功。因為他們的經驗，物理治療師推論上述的習性難以處理，所以打破此二習性是十分罕見的。另一方面，調查顯示，數以百萬計的人已成功戒菸，而且很多人成功減重。若以上的敘述均正確，則以下哪一種說法最能解釋上面那些敘述？
(1) 物理治療有成功的案例，且這些案例均包含於調查成功的案例內。
(2) 戒菸比減重容易。
(3) 運用意志力，較能成功戒菸及減重。
(4) 調查的族群不包括那些經由物理治療失敗的案例。
(5) 成功戒菸或成功克服過食症的人很多不靠物理治療的幫助，所以這些成功的案例並不包含在物理治療成功的案例中。

例題 9-25

　　找到外太空生物最大機會其實不在我們的太陽系。畢竟單看銀河系就有上億個「太陽」，而其中很多「太陽」也可能有條件類似地球的行星，使生物得以生存。以上的論述隱含下列哪一個假設？
(1) 住在其他星球的生物，其外貌可能很像地球上的某些生物。
(2) 在我們的太陽系，無法找到外太空生物。
(3) 若適合的物理環境存在，就一定可培育出生物。
(4) 在銀河系中，不只一個「太陽」有類似地球的行星陪伴。
(5) 其他星球上的生物極可能需要類似地球的生長環境。

第九章　邏輯推理謎題

例題 9-26

下列哪一個敘述可解釋下圖中，於 1984 年後 F 種和 G 種鳥總數之變化情形？

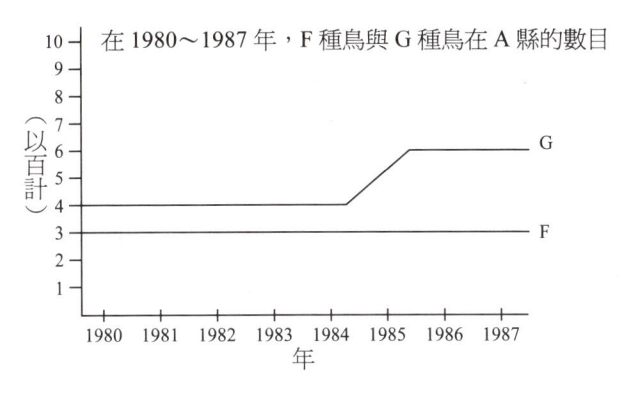

在 1980～1987 年，F 種鳥與 G 種鳥在 A 縣的數目

(1) 嚴寒的冬天使大部分的 F 種鳥暫時南移到其他國家避寒。
(2) 人們逐漸搬遷到適合 G 種鳥居住的地方。
(3) G 種鳥因被選為 A 縣的縣鳥而受到保護。
(4) 1984 年以後，觀測鳥的測量站較以往少。
(5) 政府決定立法擴大 A 縣野外地區之旅遊業發展。

例題 9-27

承上例，其實 F 種和 G 種鳥類總數變化的原因肇因於在 1984 年禁用某一類的殺蟲劑。以下哪一個選項最能說明鳥類數目變化的原因？
(1) 在 A 縣，出現了一種會使 G 種鳥類的蛋變得易碎。
(2) G 種鳥較愛吃那些被禁用殺蟲劑所殺的蟲。
(3) 之前很多家貓變成野貓後，都喜愛以獵食 G 種鳥維生，但牠們現在大多被捕而且送到別的縣去了。
(4) F 種鳥類都吃那些已被噴灑殺蟲劑的果實。
(5) 氣候嚴寒，那些勉強存活的昆蟲也大多被殺蟲劑殺死了。

邏輯入門

例題 9-28

這三年來，中正區正興建新的小學，這段時間很多中正區的學生都必須通車至大安區 A 或 B 小學上課。正因為如此，當中正區的新學校明年完工時，不是 A 小學就是 B 小學必須關閉，這將迫使兩校合併。以上的論述需建立在以下哪一個假設上？

(1) 中正區通車的學生一走，將使 A 或 B 二校中至少一個學校人數大量減少。
(2) 中正區新建的學校仍不足應付原來通車的學生。
(3) 由中正區通車去大安區上學的學生只佔 A 及 B 兩校學生的小部分。
(4) A 及 B 兩校均因吸收來自中正區的學生，而導致資源不足。
(5) 在未來的 12 個月，學生將不用再由中正區到大安區通車上學。

例題 9-29

某縣長(本身是所謂外省第二代)在其任期三年中，時常被指控有省籍情結。然而在九個高階下屬的空缺中，有五個職位均由所謂正港台灣人擔任，且所有正港台灣人高階下屬均在其位。這顯示其實該縣長並未有省籍情結。以下的五個敘述中，最能反駁上述推論的是哪一個？

(1) 其中一個正港台灣人高階下屬正準備辭職。
(2) 該縣長所屬的政黨要求他必須在九個高階下屬的職位中，將至少五席指派給正港台灣人。
(3) 47% 的正港台灣人，在上次選舉時投票給該縣長。
(4) 隔壁的縣長指派七個高階下屬的職位給正港台灣人。
(5) 該縣長只派二名客家人、二名原住民及一名女性任高階下屬。

例題 9-30

患有精神分裂症的人，在冬季出生的比例遠比在其他時間出生的多。最近的研究顯示這可能肇因於冬季時，人們較難取得新鮮食物，而導致某些孕婦營養不良。下列敘述中，何者最能支持以上推論？
(1) 由過去幾年來的案例顯示，精神分裂症和經濟不景氣的程度有關。
(2) 和精神分裂症相關的大腦部分大多在懷孕時的最後一個月發展。
(3) 在冬季，自殺率遠比其他季節高。
(4) 在大腦的發展方面，新鮮食物和保存類食物的效用一樣。
(5) 在本研究，有相當多比例的患者有精神分裂症的家族病史。

例題 9-31

對於科學家預言地球會因核子戰爭陷入長期的「核子冬天」一事，其實是可信度很低的，大氣科學家及氣象專家都無法準確有效的預測明天天氣。而核爆對地方性及全球性氣候的影響又循著和預測每天氣象之相同法則。既然他們無法預知明日天氣，他們也無法預知所謂的核子冬天。下列何者敘述，最能削弱上述之立論？
(1) 預言「核子冬天」之科學理論是用每天預測天氣之數據。
(2) 既然科學家不能用無害的核爆做實驗，科學家對於「核子冬天」之預測的確令人存疑。
(3) 每天之氣象預報一向就不自認為他們的預測是無懈可擊。
(4) 科學家對於重大災難(如地震、火山爆發)之預測本來就比每天之氣象預報更不可信。

(5)「核子冬天」引用科學理論，主要是探討劇烈的氣候變化，而不是每天氣象之微小改變。

例題 9-32

眾所周知，油漆會因年代久遠而變色。位於 A 縣，建於清朝嘉慶年間的進士第也有相同的問題。文建會協請專家會勘，並參考外國復原古蹟的作法後，決定用下列方式修復該進士第：先查清朝嘉慶年間的碳同位素含量，再刮除一小部分牆面的油漆，直到刮除後露出的牆面油漆顯現出與嘉慶年間相同的碳同位素含量。出乎意料，居然在府邸中顯現出當時絕大多數都採用的泥灰色顏料。因此，文建會緊急停止該修復古蹟的計畫，你覺得最可能肇因此問題的緣由是什麼？
(1) 若刮除過深，將會在原來的漆上留下刮痕。
(2) 在嘉慶年間，本來就是流行用單一色調，所以都是泥灰色實屬正常，建請文建會不要大驚小怪。
(3) 從嘉慶年間至今，可能重新上漆好幾次，所以不易判斷出最原始的顏色為何。
(4) 在嘉慶年間，最原始上色的顏色早因風化作用(如光、灰塵……等) 而、氧化作用而變色，而變成泥灰色。
(5) 嘉慶年間與現今用的顏料成份不相同，難以真正還原本來的顏色。

例題 9-33

雖然小型車(排氣量 1800 cc 以下)只佔所有使用中車輛的 38%，但追撞(因未保持安全距離)的肇事車輛中，小型車就佔了 48%。另一方面，中型房車佔所有使用中車輛的 31%，而追撞的肇事車輛中，中型房車的比例低於 27%。對於上述現象，下列何者提出最合理的解釋？

(1) 小型車只需一點點距離就可得到極佳的視野，因此低估了安全距離的重要，所以比較容易追撞。
(2) 中型房車往往用做家庭車，所以常在保險桿張貼有趣的標語，提醒自己及他人，所以比較不會追撞。
(3) 小型車其實馬力也很足，再加上車小，加速容易，所以常在公路上超車。
(4) 因經濟不景氣，中型房車的銷售量逐年下滑。
(5) 小型車的車主通常比較喜歡開快車。

例題 9-34

根據電視節目黃金時段收視習慣的調查顯示，觀眾們對該時段不同的節目之評價非常分歧。這或多或少說明了放在評價好的節目其廣告效益較大。
(1) 黃金時段的電視節目的評價主要取決於收視率。
(2) 黃金時段中評價好的電視節目多數不含商業廣告。
(3) 觀眾較容易記得評價好之節目的贊助商，而較不容易記得評價差之節目的贊助商。
(4) 唯有接續在眾所周知之好的舊節目之後，觀眾才願意去看新的節目。
(5) 觀眾認為廣告品質不容易影響其消費習慣。

例題 9-35

十九世紀的藝評家以寫實的表現手法來評價藝術品的優劣。他們認為由原始藝術開始，經過長久的淬練，才逐漸走到漸趨完美的寫實主義。二十世紀美學革命性發展的成就之一則是揚棄這種寫實主義至上的審美觀。從以上的文字推論，二十世紀的審美觀有何影響？

(1) 在判斷藝術品價值時，降低了對寫實的要求。
(2) 後來的藝評家較能欣賞原始藝術的簡單之美。
(3) 寫實主義者揚棄原始藝術之美。
(4) 強化用傳統的方式審視藝術品。
(5) 讓藝評家了解藝術的本質及演化。

例題 9-36

在 1850 至 1880 年間的美國，務農人口雖不斷增加，但務農人口的成長率低於美國人口成長率。下列何者與以上敘述矛盾？
(1) 在 1850 至 1880 年間，美國務農人口只有增加一點，並沒有增加很多。
(2) 在 1850 至 1880 年間，美國就業人口與美國總人口均增加。
(3) 在 1850 至 1880 年間，美國務農人口佔美國就業人口的比率維持不變。
(4) 美國務農人口佔美國總人口的比率，自 1850 年的 64% 降至 1880 年的 49%。
(5) 美國務農人口佔美國總人口的比率，自 1850 年的 68% 上升至 1880 年的 72%。

五、數　獨

最近風靡全球的「數獨」，其遊戲規則如下：將 9×9 的正方形 (共 81 格) 等分成九個九宮格。其中每個九宮格、每一直行與每一橫列都各有 9 個格子，當中有些已填數字，而有些空白，我們則是要依已填上的數字，推測出空白格的數字，使得

第九章　邏輯推理謎題

每個九宮格、每一直行與每一橫列都有 1 到 9 的數字，而且每個題目都恰有一組解答。

在坊間，不但有數獨的題庫書、數獨的掌上機，甚至也有各種解數獨的技法。其實只要由空格少的地方著手，一一按照邏輯推論，大多數的題目都可迎刃而解。

以下的三個例題是由淺入深，請同學們自己試試看吧！

例題 9-37

【難易度】易

					4	3	1	2
4	3	5						9
6			7	9	3			
				2		6	5	3
	6		4		7		9	
9	8	2		3				
			1	5	6			7
						9	4	1
3	1	7	8					

例題 9-38

【難易度】中等

			5		4		1	
6	8				9		7	
		9				3		
3	5			7				8
			2		1			
1				4			5	9
		2				5		
	9		3				4	2
	4		6		8			

邏輯 入門

例題 9-39

【難易度】難

	3	7		6	5			
5			7			8		6
4			1			5		
	4	8		3	9			
			5	8		4	3	
		3		4				8
2		5		7				9
			3	9		1	6	

六、腦筋急轉彎

　　腦筋急轉彎可說是歷久不衰的益智遊戲，有時答案也不只一個，只要能言之成理即可。

例題 9-40

　　你是位計程車司機，你的計程車是黃色車體，已經開了好多年，其中一隻雨刷已經壞了，化油器需要調整，油箱可以裝五十公升的油，但是現在只有四分之三滿。請問這位計程車司機有多大年紀？

例題 9-41

　　上週我關了臥房的燈，但是我可在臥房黑暗之前就爬到床上。如果床離電燈的開關有五公尺之遠，請問我是怎麼辦到的？

第九章　邏輯推理謎題

例題 9-42

有天晚上，我叔叔正在讀一本有趣的書，突然，他太太把燈關掉。雖然房間全黑了，他還是繼續在讀書。請問他是如何做到的？

例題 9-43

昨天，我父親碰到下雨，他沒帶傘也沒帶帽子，他的頭上沒有用任何東西遮雨，他的衣服全濕了。但是他頭上沒有一根頭髮是濕的，為什麼？

例題 9-44

傳說從前有一位老翁，他要測驗兩個兒子的智力以便決定繼承人。有一天，他牽來兩匹好馬，對兩個兒子說：「你們每人騎一匹馬出去，回來的時候，看誰的馬後到家。」兄弟兩人便騎著馬出去了，一直到太陽下山，誰也不肯先回家。最後兩個人都停在離家不太遠的地方，下了馬等對方先走。一個牧童看他們站著不動，覺得很奇怪，問他們：「幹嘛不回家？」兄弟倆便把老翁的話告訴了牧童。牧童聽了，跟兄弟倆說了一句。兄弟倆立刻跳上馬，使勁鞭打馬，飛快地往家裡跑去。

請你想一想，這個聰明的牧童給兄弟倆出的是什麼主意？

219

邏輯入門

例題 9-45

某百科全書中曾有這樣一道奇妙的問題如下：把十五隻羊放在四個羊圈裡，使每一羊圈羊的隻數相等。遺憾的是書中只有問題沒有答案。美國數學家杜德尼認為：這顯然是不可能的，因為 4 乘以任何數，積都是一個偶數，而 15 是個奇數。杜德尼想羊或許具有一般人所不知的特性，就帶著這個問題走訪了幾個牧民。第一個牧民說：「假如我們把一個羊圈修在另一個羊圈之內，就像射擊靶紙上的射環一樣，把所有的羊放在最小的羊圈之內，那樣就可以了。」數學家並不贊同這種作法，因為牧民把所有的羊放在一個羊圈了，而不是放在四個羊圈裡。第二個牧民說：「把 12 隻羊平均放在三個羊圈裡，第四個羊圈放三隻。半夜間，第四個羊圈裡的一隻母羊生下一隻羔羊。那麼，每個羊圈就是 4 隻羊了。」這也不能使數學家滿意。第三個牧民說：「我有四個用樹枝做成的羊圈，還有一群閹羊。如果您能屈尊和我一起走一趟的話，那麼這個問題就可以解答了。」數學家對第三個牧民的作法確實感到滿意。

請問第三個牧民是怎樣做的？

例題 9-46

1980 年時，發生了一個奇案。A、B、C 三人均被恐嚇，他們三人目前都是公司的董事長，且這三人共有一個不堪回首的過去。當時這三人還有一個叫做 D 的夥伴，但他們因分贓糾紛便把 D 丟棄在雪山中。死裡逃生的 D 向他們三人各寄一封恐嚇信，上面寫著：「我要讓你們嘗嘗死亡的恐懼，我要先從今年九歲的渾蛋開始，九等於苦，趁這個時候好好享受吧！」A、B、C 都不是九歲的小孩，難道 D 發瘋了嗎？如果 D 所言屬實，請問他第一個狙擊的是誰？（已知 A 是 1947 年 8 月生，B 是 1944 年 2 月生，C 是 1949 年 12 月生。）

第九章　邏輯推理謎題

例題 9-47

某大公司的高級主管林先生被人殺害，現場有一幅塗上藍色底色尚未完成的圖畫，以及散落在地板上的顏料，死者手上抓著黃色的顏料，經搜查後找出和林先生結仇的三名男子。

嫌疑犯王先生的證言：「我還不至於恨到想要殺他啊！」

嫌疑犯陸先生的證言：「我已經忘了曾和他發生過的不愉快。」

嫌疑犯洪先生的證言：「我雖然想過要殺了那傢伙，但還不至於傻到真的做殺人犯。」

而真正的兇手就是其中一人，到底是誰呢？

例題 9-48

1990年的時候，火星氣象觀測軌道太空船在火星大氣中焚毀。它原本應該處於火星上方 93 英里(150 公里)，事實上只到上方 57 英里處。負責製造太空船的是洛克希德‧馬丁 (Lockheed Martin) 公司，而負責太空船飛行的是美國太空總署 (NASA)。你猜猜看問題出在何處？

註：1億2千5百萬美金就這樣泡湯了。

例題 9-49

公路邊一個大廣告牌上簡短的寫著：「死於心臟病的人當中，有一半是婦女。」

我們可以就此推論婦女和男士罹患心臟病的比率一樣高嗎？

邏輯入門

例題 9-50

每年因登山而死於山難者平均不到百人,但每年死於車禍者卻數以千計。我們是否可以就此推論登山比坐車安全?

例題 9-51

台灣的國民平均年齡愈來愈長,所以將來以老年人口居多?

例題 9-52

「IX」這個羅馬數字代表 9,請加上一筆劃,使其成為偶數?

例題 9-53

「5＋5＋5＝550」這是個不成立的等式,請在該式加上一筆劃,使之成為一個成立的等式。

例題 9-54

「62－63＝1」這是個不成立的等式,請於該是移動某個數字或符號,但只能移動一次,使之成為一個成立的等式。

七、趣味數學

此處的標題雖是趣味數學，但其實只要運用國小程度的算術即可，主要還是在介紹趣味性的益智問題。

例題 9-55

「有一件事他倒是完成了，就是關於明尼蘇達老虎實驗的總結論文……這篇論文由史隆研究中心通過，而且也被《實驗醫學期刊》接受了。論文中有一個統計表，裡面有很離譜的錯誤，這樣的錯誤，聰明的小學生都能看得出來。表裡面有 6 組動物，每組 20 隻，並包含每組成功的百分比。他所記錄的百分比分別是 53、58、63、46、48 以及 67。」請問以上這段文字，所提到的錯誤在哪裡？

例題 9-56

星期日舉行了一次乒乓球單打比賽，有一位同學作了一個統計：15 個同學參加比賽，其中，有 5 個同學出場五次；4 個同學出場四次；3 個同學出場三次；2 個同學出場二次；1 個同學出場一次。數學老師沒有觀看過比賽，看到這個統計馬上就說統計有錯。你知道錯在哪裡？

例題 9-57

一個袋子裡裝有 10 顆紅珠子、5 顆黃珠子和 3 顆白珠子。如果這些珠子的大小都一樣，要想一次自袋中任意取出 N 顆珠子，而且保證這 N 顆珠子中至少有 2 顆同色的珠子，那麼 N 最小是多少？

邏輯入門

例題 9-58

有十個袋子，每袋有十枚金幣，每枚錢幣重十克，但有一袋是假的金幣，假的金幣每枚重十一克，現在有一個只能秤一次的秤，而且完全不知道哪一袋才是假的，那該用什麼方法，才能夠知道假金幣在哪一袋呢？

例題 9-59

a、b、c、d、e 分別是相異的一位數 $(0, 1, 2, 3, ..., 9)$，且 $abcde$ 與 $edcba$ 均是一個五位數。已知 $abcde \times 4 = edcba$，求 a、b、c、d、e 分別為何？

例題解答

例題 9-1

1. **解** 先由條件 (三) 檢驗各選項，馬上可看出只需考慮 (2)、(3)、(4)(因架子 3 必須放 R 或 S，所以選項 (1) 及 (5) 均不合)。再由條件 (二) 可知選項 (4) 不合。再由條件 (四) 去除選項 (2)，所以可知答案為選項 (3)。事實上，選項 (3) 也符合所有的條件。

2. **解** 若 S 放在架子 1，由條件 (三) 可知，R 必放在架子 3。所以答案為選項 (2)。

3. **解** 若 T 放在架子 5，由條件 (四)，可知 P 必放在架子 4。再由條件 (三)，可知放在架子 3 必為 R 或 S。所以 P 只可以與 R、T，或 S、T 相鄰，所以選項 (1) 及選項 (3) 均不合。而 T 也只與 P 相鄰，所以選項 (4) 不合。再來，現已知架位如下：T 放在架子 5，所以 P 必放架子 4(不要忘了 T 與 P 必相鄰)，而架子 3 必為 R 或 S，再配合條件 (一) 可知架子 1 或 2 中必有 U 或 M，所以不可能有空位容納相鄰的 Q 與 N，所以選項 (2) 不合。至於選項 (5)，可以是 T 放在架子 5，P 放架子 4，R 放架子 3，U 放架子 2，這符合所有的條件。所以本題的答案是 (5)。

4. **解** 若 U 放在架子 4，則 T 必不放架子 5(因若 T 放架子 5，T 與 P 就不相鄰了)。故本題答案為 (5)。

5. **解** 若 T 放架子 2，因架子 3 只能放在 R 或 S，所以 P 必放架子 1，因此 U 必放架子 4 或 5。故本題答案為 (5)。

6. **解** 因 R 放架子 1，所以 S 必放架子 3，且 M 必不為展示品。因此 U 必為展示品。此外，因 P 不為展示品，所以 T 亦不必展示品。所以目前總結，可得

    必為展示品：R、S、U

必不為展示品：P、T、M

既然只剩下 N 與 Q，所以 N 與 Q 也必為展示品 (才能湊足五個展示品)。

所以五個展示品為 R、S、U、N、Q，故選 (3)。

7. **解** 由題意可知，Q、R、S 的位置應如下：

```
     1   2   3   4   5
     S   Q   R
 或   R   Q   S
 或           R   Q   S
 或           S   Q   R
```

所以可知正解為 (2)。

例題 9-2

1. **解** 因條件 (三)，所以選項 (1)、選項 (2) 及選項 (5) 均不成立。因條件 (四)，所以選項 (3) 也不成立。而選項 (4) 符合所有條件，所以答案為 (4)。

2. **解** 這表示必須自 F、G、H 中擇二人任委員，但因 F 與 G 只能二擇一，所以 H 必任委員，再配合條件 (三)，可知 L 也必任委員。所以答案為 (4)。

3. **解** 這表示必須自 K、L、M 三人中擇二人任委員，我們分以下二種情形討論。第一種情形：若 K 任委員，則 M 也必任委員 (條件 (四))。第二種情形：若 K 不任委員，則 L 與 M 必任委員。這表示不論在何種情形，M 必任委員，故選 (5)。

4. **解** 這表示我們必須在 G、H、K、L 中只擇一人，與 F 與 M 同任委員，由條件 (二) 得知，不得選 G。由條件 (三) 得知，不得選 H，也不得選 L。所以我們只能選 K，也就是委員為 F、K、M 三人，故選 (2)。

5. **解** 針對選項 (1)，已知 F 為委員，則 G 必不為委員，所以

H 與 L 亦為委員。(因若 H、L、G 三人均不為委員，那麼只有三人可成為委員) 此時，F、H、L 均為委員，需由 K 及 M 二人中再擇一人為委員，由條件 (四)，可知必擇 M 為委員，所以選項 (1) 正確。

但我們還是檢驗一下其他選項，先看選項 (2)，同理可得「若 G 為委員，則其他三人為 H、L、M」所以選項 (2) 不成立。

再看選項 (3)，若 H 為委員，則 L 也必為委員。然後我們分二個情形討論：

(a) 若 K 亦為委員，則 M 亦為委員，所以委員為 H、L、K、M 四人。(b) 若 K 不為委員，則我們必須由 F、G、M 中擇二人為委員，但因 F 與 G 不得同任委員，所以只能選「M 與 F」或「M 與 G」為委員。因此，在 H 是委員的前提下，委員會成員為「H、L、M、F」或「H、L、M、G」，這結果不能保證選項 (3) 成立。同理，針對選項 (4)，可得在 L 是委員的前提下，委員會成員為「H、L、M、F」或「H、L、M、G」。因此選項 (4) 不成立。最後，考慮選項 (5)，在前面已有看過「H、L、M、F」委員會之組合，所以可知選項 (5) 不成立，答案為 (1)。

例題 9-3

解 因農夫今年種青豆、玉米、地瓜葉，所以明年一定不可種地瓜葉，也不可種玉米 (若種玉米，則也要種青豆，這樣明年的作物與今年就有二種重複)。所以明年只能種青豆、豌豆、南瓜。再由此出發，一一檢視各選項，即可看出選項 (2)(3)(4)(5) 列舉的作物均與明年種的重複兩種以上，只有選項 (1) 符合所有前提，所以答案為 (1)。

邏輯入門

例題 9-4

解 本題是將男生三人 (阿明、阿華、阿新) 和女生三人 (小美、小玉、小玲) 配對，所以先畫矩陣如下：

	阿明	阿華	阿新
小美			
小玉			
小玲			

如上表有九個空格待填。而我們將依題意，將成對的畫 O，不成對的畫 X，且每一行每一列各只有一個 O。現依題意 (阿明和小美，小美和阿新，阿新和小玉都不是一對)，所以可得三個 X 如下：

	阿明	阿華	阿新
小美	X		X
小玉			X
小玲			

由上表可得，「小美那一列」和「阿新那一行」各有一個 O 如下：

	阿明	阿華	阿新
小美	X	O	X
小玉			X
小玲			O

既然「阿華那一行」和「小玲那一列」已有一個 O，所以其他位置就是 X，如下：

	阿明	阿華	阿新
小美	X	O	X
小玉		X	X
小玲	X	X	O

顯而易見，上表中唯一剩下的空格必為 O。

第九章　邏輯推理謎題

這表示：阿明和小玉，阿華和小美，阿新和小玲才是三對佳偶。

例題 9-5

解 如例題 9-4，我們馬上畫出下列矩陣：

	指甲	頭髮	化妝	書
玉				
美				
莉				
妮				

根據條件 (一)、(二)、(四) 及 (五) 可得下表：

	指甲	頭髮	化妝	書
玉	X			X
美	X		X	
莉	X			X
妮			X	X

因「指甲那一行」及「書那一行」，各只剩一個空格，且同行其他各格為 X，所以可知空格必為 O，如下：

	指甲	頭髮	化妝	書
玉	X			X
美	X		X	O
莉	X			X
妮	O		X	X

所以已知小妮在修指甲且小美在讀書，再配合條件 (三)，因小妮在修指甲所以小玉在化妝，並將之註記於矩陣，如下：

229

邏輯入門

	指甲	頭髮	化妝	書
玉	X		O	X
美	X		X	O
莉	X			X
妮	O		X	X

最後依循「每一行及每一列各只有一個 O」的原則，即可完成矩陣，並得解：

	指甲	頭髮	化妝	書
玉	X	X	O	X
美	X	X	X	O
莉	X	O	X	X
妮	O	X	X	X

故小玉在化妝，小美在看書，小莉在做頭髮，小妮在修指甲。

例題 9-6

解 本題乃是將三人（王、張、李）與職業（工、農、戰）配對，因此馬上畫矩陣如下：

	工	農	戰
王			
張			
李			

再依其條件，畫「O」、「X」於矩陣中，可得：

	工	農	戰
王		X	
張		X	
李			X

因此，馬上可推得下表：

第九章 邏輯推理謎題

	工	農	戰
王		X	
張		X	
李	X	O	X

然而，剩下四個空格就沒那麼明顯，因此我們再次檢驗題目中是否含了一些未用矩陣顯示的資訊，結果發現在年齡方面：李＞戰士，張＞農，但由上面的矩陣已知：李就是農，所以年齡方面，張＞農＝李＞戰士，這表示張不是戰士，將此資訊加入上表即可得正解如下：

	工	農	戰
王	X	X	O
張	O	X	X
李	X	O	X

答案為：小張是工人、小李是農民，而小王是戰士。

例題 9-7

解 本題是要將兄妹檔一一找出，因此，利用矩陣法如下：

	劉	馬	張
萍			
紅			
英			

再依題意畫「O」、「X」如下：

	劉	馬	張
萍	X		
紅			X
英			X

要特別注意：第二盤是小張和小紅對小劉和小馬的妹妹，這表示小紅一定不是小馬的妹妹，將此條件加入上表，可得正解如下：

邏輯入門

	劉	馬	張
萍	X	X	O
紅	O	X	X
英	X	O	X

所以，小萍是小張的妹妹，小紅是小劉的妹妹，而小英是小馬的妹妹。

例題 9-8

解 注意，本題是每人會兩種語言，對照下表，每一列有二個 O。

	中	英	日	法
甲				
乙				
丙				
丁				

由四個條件，馬上可畫出下表：

	中	英	日	法
甲			O	X
乙		X		
丙				
丁			X	

顯然，上表資訊過少，因此我們必須再回到題目審視。
注意：甲、丙需乙來做翻譯，這表示甲會的丙不會，丙會的甲不會。所以可得下表：

	中	英	日	法
甲			O	X
乙		X		
丙			X	
丁			X	

第九章　邏輯推理謎題

上表的資訊仍很少，但回到題目，注意到：只有一種語言是三個人都會的，而這種語言是什麼？很明顯不是日文(因已有二人不會)，不是法文(因若是三人會法文，表乙、丙、丁會法文，而這違反條件(3))，也不是英文(因若是，表甲、丙、丁會，而這違反條件(1))，所以這代表有三人會中文。而又是哪三人會中文呢？若丙會中文，則甲一定不會中文，因此會中文的三人是乙、丙、丁；但已知乙、丙、丁三人無共同語言，所以丙必不會中文，而甲、乙、丁三人會中文，如下：

	中	英	日	法
甲	O	X	O	X
乙	O	X	X	
丙	X		X	
丁	O		X	

注意：甲會的丙不會，丙會的甲不會，且乙可做甲、丙的翻譯，這表示乙會法文且丁不會法文(因乙、丙、丁三人無共同語言)，而得下表：

	中	英	日	法
甲	O	X	O	X
乙	O	X	X	O
丙	X	O	X	O
丁	O	O	X	X

甲會中、日文；乙會中、法文；丙會英、法文；丁會中、英文。

邏輯入門

例題 9-9

解 由題目馬上可畫矩陣如下：

	國	數	歷	地	音	美
李		X		X		
陳	X				X	
孫						

注意：每一列有兩個圈，此外，由條件(1)及條件(4)，可知小陳不是地理老師。所以小孫是地理老師。如下：

	國	數	歷	地	音	美
李		X		X		
陳	X			X	X	
孫				O		

再由條件(3)可知地理老師不是數學老師；由條件(4)可知地理老師也不是國語老師，所以小李是國語老師，而小陳是數學老師，如下：

	國	數	歷	地	音	美
李	O	X		X		
陳	X	O		X	X	
孫	X	X		O		

用類似的方法，可完成整個矩陣，而得解：

	國	數	歷	地	音	美
李	O	X	O	X	X	X
陳	X	O	X	X	X	O
孫	X	X	X	O	O	X

因此，小李教國語和歷史，小陳教數學和美術，小孫教地理和音樂。

第九章　邏輯推理謎題

例題 9-10

解　本題是要將爸爸、媽媽、小孩一一配對出來，所以矩陣比較複雜，如下：

	劉	李	方	萍	紅	虎
王						
張						
陳						
萍						
紅						
虎						

再依題意填空格，即可得解：
老王和方麗華、小紅是一家，老張和李玲君、小萍一家，老陳和劉美英、小虎一家。

例題 9-11

解　阿志是台東人，參加游泳比賽；阿明是台北人，參加足球比賽；阿勇是澎湖人，參加田徑比賽；阿新是花蓮人，參加乒乓球比賽。

例題 9-12

解　小關和小張一隊，小李和小趙一隊，年齡的順序是：小張＜小關＜小趙＜小李。

例題 9-13

解　老張是店員，老劉是工人，老李是老師，老趙是公務員。

例題 9-14

解　依題意，我們可知要配對的項目有：編號、顏色、國家、寵物、飲料及香菸六種。因要配對的項目過多，所以不用矩陣法，而改採填空法，先畫表格如下：

235

邏輯入門

編號	1	2	3	4	5
顏色					
國家					
寵物					
飲料					
香菸					

再依條件,設法將答案填入表格中。首先,由條件(8),可知編號 3 的飲料是牛奶,再由條件(9),可知編號 1 的國家是挪威,所以可填答案於空格如下表:

編號	1	2	3	4	5
顏色					
國家	挪威				
寵物					
飲料			牛奶		
香菸					

再由條件(14)可得,編號 2 的顏色是藍色,可得下表:

編號	1	2	3	4	5
顏色		藍			
國家	挪威				
寵物					
飲料			牛奶		
香菸					

此時,用上表配合條件(4)與(5)可得下表:

編號	1	2	3	4	5
顏色		藍		綠	白
國家	挪威				
寵物					
飲料			牛奶	咖啡	
香菸					

同理,配合上表,依序可用條件(1)、條件(7)及條件(11)可得下表:

第九章　邏輯推理謎題

編號	1	2	3	4	5
顏色	黃	藍	紅	綠	白
國家	挪威		英國		
寵物		馬			
飲料			牛奶	咖啡	
香菸	Dunhill				

剩下的條件，似乎比較不明顯，但用條件(3)，可知，丹麥人必住編號2或編號5。若丹麥人住編號5，可得下表：

編號	1	2	3	4	5
顏色	黃	藍	紅	綠	白
國家	挪威		英國		(丹麥)
寵物		馬			
飲料			牛奶	咖啡	(茶)
香菸	Dunhill				

在上表中，因「丹麥」及「茶」是我們在「丹麥人住5號屋」的假設下推論的，並不能肯定是正確，所以框上圈，以示區別。再依序用條件(2)、條件(13)可得下表：

編號	1	2	3	4	5
顏色	黃	藍	紅	綠	白
國家	挪威	(德國)	英國	(瑞典)	(丹麥)
寵物		馬		(狗)	
飲料			牛奶	咖啡	(茶)
香菸	Dunhill	(Prince)			

因上表與條件(12)矛盾，所以必須推翻「丹麥人住5號屋」的假設(不要忘了！這在第五章教過喔！)。因此，丹麥人必住2號屋，如下表所示：

邏輯入門

編號	1	2	3	4	5
顏色	黃	藍	紅	綠	白
國家	挪威	丹麥	英國		丹麥
寵物		馬			
飲料		茶	牛奶	咖啡	
香菸	Dunhill				

再依序用條件(12)、條件(15)、條件(17)、條件(2)、條件(6)及條件(10)，可得下表：

編號	1	2	3	4	5
顏色	黃	藍	紅	綠	白
國家	挪威	丹麥	英國	德國	丹麥
寵物	貓	馬	鳥		狗
飲料	水	茶	牛奶	咖啡	啤酒
香菸	Dunhill	Blend	Pall Mall	Prince	Blue Master

此時剩下一個空格，對照題目之後，可得空格應為「魚」，而答案為德國人。

例題 9-15

解　因每一包都有人猜對，且在十個猜測中，只有丙的第一個猜測是針對第一包，這表示「第一包是紅的」。再者，因每個人僅對一種，這表示「第五包不是白的」，所以戊說的「第五包是紫的」必成立。另一方面，不要忘了五包的顏色各不相同，既然第一包是紅的且第五包是紫色，分別對照乙之言與甲之言，可得第二包是藍的且第三包是黃的。再配合丁所言，可得第四包是白的。所以，一紅二藍三黃四白五紫。

例題 9-16

解　本題和前一題不同，上一題有特別聲明「每一包都有人猜對且每人都猜對一種」，但本題只有「每人都猜對一

半」，並沒有「每個名次都有人猜對」此一條件。因此，本題要從矛盾處 (前後不一致的地方) 出發。

對照 A 之言與 D 之言，他們二人都是猜 B、C 之名次，這告訴我們以下二個狀況必居其一：(一) B 是三且 C 是一，(二) B 是二且 C 是五。

先看狀況 (一)：若 B 是三且 C 是一，由 C 之言，可得 E 是四；再由 E 之言，可得 D 是二，所以 A 只好是五。因此結論是：A 五 B 三 C 一 D 二 E 四，但這結論與 B 之言完全吻合，不符「每人只說對一半。」的前提，所以狀況 (一) 不成立。

再看狀況 (二)：若 B 二且 C 五，由 B 之言與 E 之言，可得 E 四且 A 三，所以 D 只能一，這結論與所有前提均相符。

故答案為：A 三 B 二 C 五 D 一 E 四。

例題 9-17

解 若 B 從不說謊，這表示 B、C 兩人從不說謊，而這與已知不合 (此時產生推理矛盾，必須推翻前提)，所以 B 是會說謊的人。既然 B 是說謊的人，對照 A 之言，可見 A 已說謊。所以現在已知 A 與 B 均是說謊的人，因此 C 是從不說謊的人。

例題 9-18

解 我們由甲著手，因甲說丙是說謊和尚，所以甲一定不是好好和尚，這表示甲是君子和尚或說謊和尚。若甲是君子和尚，則丙是說謊和尚，則乙是好好和尚。注意：「乙是好好和尚」此事和丙之言相符，而這與「丙是說謊和尚」矛盾，所以代表假設錯誤 (又再次用到遇到推理矛盾必須否定前提的觀念)，也就是甲不是君子和尚。既然甲不是君子和尚，甲就是說謊和尚，而這與乙之言不合，所以乙一定不是君子和尚。那就是說乙一定是好好和尚，

所以丙是君子和尚。將「甲是說謊和尚，乙是好好和尚，丙是君子和尚。」與三人之言再次核對，無誤，所以此為正解。

例題 9-19

解 因翔奇所言，並非針對闖禍者，而是評論別人，所以我們由翔奇著手。若翔奇是說謊的，表阿勇說實話，而其他人都說謊。如此一來，由阿勇所言，得知闖禍者是翔奇，但由莉莉所言，得知闖禍者是莉莉，這樣就產生了矛盾 (而且是推理矛盾)。所以否定前提，得「翔奇說實話」。既然翔奇說實話，表其他人都說謊，如此一來，不但沒有矛盾，也可知莉莉才是肇事者。

例題 9-20

解 由金盒及銅盒的提示馬上可得矛盾，這表示此二盒的提示必為一真一假 (不要忘了排中律)。既然如此，銀盒的提示必為假，也就代表照片在銀盒。

例題 9-21

解 第一個人是老實國人，第二個及第三個人不是。

例題 9-22

解 小王 25 歲，小張 23 歲，小李 22 歲。

例題 9-23

解 A 住 a，B 住 c，C 住 b，D 住 e，E 住 f。

例題 9-24

解 我們要選的答案必須同時解釋為何物理治療無法幫助戒菸或治療，但又有很多人成功戒菸或減肥。而只有選項 (5) 能做到此點，其他選項不是答非所問就是本身不合理：選項 (1) 雖本身合理，但卻答非所問；選項 (2) 則本身不具合理基礎 (因我們不知戒菸及減肥之成功率分別為

何)，選項 (3) 也是純屬臆測；至於選項 (4) 雖然有此一可能，但也答非所問。所以本題答案為 (5)。

例題 9-25

解 以上的論述是建立在「條件類似地球的行星有生物存在的可能」此一前提下，因此答案應為 (5)。

但我們也看一下其他選項。選項 (1) 扯到生物外貌，與本題無關 (我們只探討生物是否存在)；選項 (2) 本身雖然正確，但答非所問 (並未解釋為何在銀河系比較有生物存在的可能)；選項 (3) 的錯誤在於「一定」，因本題只是在說明可能性的大小，並不能完全確定；選項 (4) 雖可能成立，但仍答非所問。所以本題答案是 (5)。

例題 9-26

解 可看出在 1984 年時，F 種鳥數目持平而 G 種鳥數目增加，因此我們要選的選項必須能說明此點原因。選項 (1) 的情形會使 F 種鳥數目減少，所以不正確。選項 (2) 的情形會使 G 種鳥數目減少，所以也不正確。選項 (3) 的情形會使 G 種鳥數目增加，所以正確，但還是應看一下其他選項，檢視是否有更好的答案。選項 (4) 的情況不會讓鳥數目增加，所以也不正確。選項 (5) 的狀況會讓鳥數目減少，所以也不正確。因此本題答案為 (3)。

例題 9-27

解 我們要選的必須能說明「為何禁用殺蟲劑可使 G 種鳥數目增加」。其中選項 (1) 和選項 (3) 與殺蟲劑無關，所以不予考慮。而選項 (4) 會使 F 種鳥數目減少，選項 (5) 和鳥無直接關係，唯有選項 (2) 說明了因禁用殺蟲劑，G 種鳥的食物 (昆蟲) 增加，所以 G 種鳥的數目得以增加。所以本題答案為 (2)。

例題 9-28
解 (1)

例題 9-29
解 (2)

例題 9-30
解 (2)

例題 9-31
解 (5)

例題 9-32
解 (4)

例題 9-33
解 (1)

例題 9-34
解 (3)

例題 9-35
解 (1)

例題 9-36
解 (5)

例題 9-37

解

7	9	8	5	6	4	3	1	2
4	3	5	2	8	1	7	6	9
6	2	1	7	9	3	4	8	5
1	7	4	9	2	8	6	5	3
5	6	3	4	1	7	2	9	8
9	8	2	6	3	5	1	7	4
2	4	9	1	5	6	8	3	7
8	5	6	3	7	2	9	4	1
3	1	7	8	4	9	5	2	6

例題 9-38

解

2	7	3	5	8	4	9	1	6
6	8	5	1	3	9	2	7	4
4	1	9	7	6	2	3	8	5
3	5	4	9	7	6	1	2	8
9	6	8	2	5	1	4	3	7
1	2	7	8	4	3	6	5	9
8	3	2	4	9	7	5	6	1
7	9	6	3	1	5	8	4	2
5	4	1	6	2	8	7	9	3

第九章　邏輯推理謎題

例題 9-39

解

8	3	7	9	6	5	2	1	4
5	2	1	7	4	3	8	9	6
4	9	6	1	2	8	5	7	3
1	4	8	2	3	9	6	5	7
3	5	2	4	7	6	9	8	1
6	7	9	5	8	1	4	3	2
9	1	3	6	5	4	7	2	8
2	6	5	8	1	7	3	4	9
7	8	4	3	9	2	1	6	5

例題 9-40

解　既然你就是計程車司機，你幾歲，計程車司機就幾歲。

例題 9-41

解　因爲在白天。

例題 9-42

解　這可有很多答案，如書是有聲書、夜光書、點字書等均可。

例題 9-43

解　因爲他是光頭。

例題 9-44

解　交換馬騎。

例題 9-45

解　注意，第三個牧人本身就有一群羊。題目只有要把 15 隻羊放在羊圈中，並未說羊圈是空的。因此，第三個牧民作法如下：先做好 4 個羊圈，再將自己的一隻先放入某一羊圈中，這隻羊連同原本的 15 隻羊共 16 隻，這樣就可在每一羊圈中放 4 隻羊。

243

例題 9-46

解 是 B。只有 B 是在閏年的二月份出生，因此，若 B 是在二月二十九日出生，則每四年才遇一次生日。因此每四年才加一歲。

例題 9-47

解 是陸先生。因黃加上藍為「綠」色，音似「陸」。

例題 9-48

解 洛克希德‧馬丁公司以為 NASA 要的高度是 93 公里，約 57 英里處。

例題 9-49

解 不行。基本上，「死於心臟病」與「罹患心臟病」根本是兩個不相同的名詞，所以，無法做任何推論。

例題 9-50

解 不可。因登山者的人次遠少於坐車的人次，應改用比率算才可下結論。

例題 9-51

解 不可，還要看出生率。

例題 9-52

解 SIX

例題 9-53

解 $545 + 5 = 550$

例題 9-54

解 $2^6 - 63 = 1$

第九章 邏輯推理謎題

例題 9-55

解 既然每組是 20 隻，成功的百分率必為 $\frac{N}{20} \times 100\% = 5N\%$，其中 N 為其正整數或零，所以那 6 個百分比，應該都是五的倍數。

例題 9-56

解 既然是比賽，必有雙方參賽，因此，比賽的總次數必為偶數。但是，依該同學的統計，比賽次數為 $5 \times 5 + 4 \times 4 + 3 \times 3 + 2 \times 2 + 1 \times 1 = 55$ 不是偶數，所以其統計必有誤。

例題 9-57

解 $N = 4$。因這裡有 3 種不同顏色的珠子，所以只要拿 4 顆，必有相同顏色的珠子。這其實是離散數學中的鴿巢原理 (Pigeonhole Principle) 的一個簡單例子。

例題 9-58

解 將此十個袋子分別編號 (1～10)，再於一號袋拿一個金幣，二號袋拿二個金幣⋯，十號袋拿十個金幣。再將這 55 個金幣拿去秤重，將此重量減去 550 公克，得的差是多少就代表第幾袋是偽幣。

例題 9-59

解 $21978 \times 4 = 87912$

邏輯入門

習 題

註：第 1～16，23～27 題之題目改編自 GRE 模擬考題庫。

第 1～3 題為一題組，請根據下面之前提，於每一題選出一個最佳的答案。

心理學家設計了 5 個迷宮 (編號 1, 2, 3, 4, 5) 給 5 隻小老鼠 (K, G, J, F, M) 做實驗。首先，他在每一個迷宮各放一隻老鼠 (不一定按順序)，當鈴響之後，小老鼠會穿過牠所在的迷宮，而到另一個迷宮之入口。但不論何時，每一個迷宮中，僅有一隻老鼠。而且，鈴響完之後，原本在 4 號迷宮的老鼠會跑到 2 號迷宮，而原本在 2 號迷宮的老鼠會跑到 4 號迷宮。同樣的，鈴響完後，原本在 5 號迷宮的老鼠會跑到 3 號迷宮，而原本在 3 號迷宮的老鼠會跑到 5 號迷宮去。心理學家並發現，在本實驗中，老鼠們穿過迷宮後，總出現下列這樣結果：

(一) M 既不在 3 號迷宮，也不在 4 號迷宮。

(二) 若 J 在 1 號迷宮，則 K 在 2 號迷宮。

(三) 若 M 在 2 號迷宮，則 K 在 5 號迷宮。

1. 老鼠們穿過迷宮後，下列哪一種情況可能發生？

	1	2	3	4	5
(1)	J	K	M	F	G
(2)	G	M	K	J	F
(3)	F	J	G	M	K
(4)	J	M	F	K	G
(5)	M	K	G	F	J

2. 若 M 跑出原本的迷宮後，跑到 2 號迷宮，則 K 原本應在幾號迷宮？

(1) 1

(2) 2

(3) 3

(4) 4

(5) 5

3. 若 F 跑出原本迷宮後，跑到 5 號迷宮，則 M 原本應在幾號迷宮？

(1) 1

(2) 2

(3) 3

(4) 4

(5) 5

第 4～7 題為一題組，請根據下面之前提，於每一題選出一個最佳的答案。

QRST四人為某一犯罪事件之嫌犯，因此他們被監視進出某一棟大樓的情形。警探發現：

(一) 每天，這四個嫌犯都會進出大樓各一次。

(二) 每次，這四個嫌犯都是單獨進出大樓，沒有人陪同在旁。

(三) 沒有任何一個嫌犯，以同樣的順位進出大樓。例如：若他是第一個進大樓，就不會第一個出來。

(四) 不論進大樓或出大樓，R 總是比 S 早進以及早出。

4. 若某天這四位嫌犯進大樓的順序為 TQRS，則下列哪一種可以是他們離開大樓的順序？

(1) QRST

(2) QRTS

(3) RQST

(4) STQR

(5) TRSQ

5. 某日，若 Q 和 T 分別以第 2 以及第 3 順位進入大樓，且 Q 也比 T 早離開大樓，則這四嫌犯離開大樓的順序可為

   (1) QRST

   (2) QRTS

   (3) QTRS

   (4) RQST

   (5) RSQT

6. 某一天，前二位進入大樓的嫌犯也是前二位離開大樓的嫌犯，則後二位進入大樓的嫌犯可為

   (1) Q 和 R

   (2) Q 和 T

   (3) R 和 S

   (4) Q 和 S

   (5) R 和 T

7. 某天，R 和 T 分別以第二和第三順位進入大樓，則下列敘述何者必為錯誤？

   (1) Q 第一個離開大樓

   (2) Q 第三個離開大樓

   (3) R 第一個離開大樓

   (4) S 第三個離開大樓

   (5) T 第二個離開大樓

第 8～13 題為一題組，請根據下面之前提，於每一題選出一個最佳的答案。

有七條航線 (編號 101, 102, 103, 104, 105, 106, 107) 預定要從 9：00 AM 到 3：00 PM 中，於整點起飛 (每一小時恰好有一航線起飛)，且必須符合下列條件：

(一) 101 航線要在 9：00AM 起飛。

(二) 105 航線必須比 103 航線，以及 102 航線晚起飛。

(三) 104, 106, 107 航線必須依此順序接連起飛。

8. 若 107 航線於正午起飛，105 航線應於何時起飛。

    (1) 10：00 AM

    (2) 11：00 AM

    (3) 01：00 PM

    (4) 02：00 PM

    (5) 03：00 PM

9. 若 103 及 104 航線分別在 11：00 AM 及正午起飛，則 102 航線應在何時起飛？

    (1) 09：00 PM

    (2) 10：00 PM

    (3) 01：00 PM

    (4) 02：00 PM

    (5) 03：00 PM

10. 下列哪一種航線可以接連不間斷起飛？

    (1) 101, 104, 103

    (2) 102, 103, 106

    (3) 104, 105, 106

    (4) 106, 107, 103

    (5) 106, 107, 104

11. 若 106 航線在 2：00 PM 起飛，則 105 航線應在何時起飛？

    (1) 10：00 AM

    (2) 11：00 AM

(3) 正午

(4) 01：00 PM

(5) 02：00 PM

12. 下列敘述，何者正確？

(1) 103 航線比 102 航線晚起飛。

(2) 104 航線比 103 航線晚起飛。

(3) 105 航線比 104 航線晚起飛。

(4) 106 航線比 105 航線晚起飛。

(5) 107 航線比 106 航線晚起飛。

13. 102 航線最晚可以於何時起飛？

(1) 10：00 PM

(2) 11：00 AM

(3) 正午

(4) 01：00 PM

(5) 02：00 PM

第 14～16 題為一題組，請根據下面之前提，於每一題選出一個最佳的答案。

六個音樂家 A、B、C、D、E、和 F 打算共同表演一場音樂會。這場音樂會共演奏三個曲目，且這三個曲目均由兩個提琴手、一個豎琴手以及一個鋼琴手合奏。每個音樂家至少演奏一個曲目，並於同一曲目中擔綱同一項樂器，且不可在連續兩個曲目中，由同一個音樂家擔綱同一項樂器。樂器共分提琴、豎琴、鋼琴三種。此外，已知：

(一) A 只會演奏提琴，且於第一曲目演奏。

(二) B 會拉提琴也會彈鋼琴。

(三) C 會拉提琴也會彈豎琴。

(四) D 只會彈豎琴。

(五) E 會拉提琴也會彈鋼琴。

(六) F 只會彈鋼琴。

14. 除了下列誰以外，其他人均可以於第二曲目中演奏？

　　(1) A

　　(2) B

　　(3) C

　　(4) D

　　(5) F

15. 若 D 於第一曲目中演奏，則下列何者正確？

　　(1) B 於第一曲目中彈鋼琴。

　　(2) C 於第二曲目中彈豎琴。

　　(3) C 於第三曲目中彈豎琴。

　　(4) D 於第二曲目中彈豎琴。

　　(5) F 於第一曲目中彈鋼琴。

16. 若因經費問題，只能由五位音樂家表演音樂會，而其他條件仍維持不變，則主辦者應不聘誰？

　　(1) D

　　(2) E

　　(3) F

　　(4) C

　　(5) B

邏輯 入門

第 17～23 題為一題組，請依下列前提，於每一題選出一個最佳的答案。

　　某果醬公司專賣盒裝的果醬，每一盒為三瓶裝，每一瓶恰一種口味。目前有草莓、葡萄、橘子、水蜜桃及藍莓五種口味。盒裝的規則如下：

(一) 每一盒需含二至三種口味。

(二) 若該盒有橘子口味的果醬，則該盒至少有一瓶葡萄口味。

(三) 若該盒有葡萄口味的果醬，則該盒至少有一瓶橘子口味。

(四) 水蜜桃及藍莓口味的果醬，不可裝同一盒。

(五) 若該盒有草莓口味的果醬，則該盒至少有一瓶藍莓口味。

17. 下列何種組合，可裝成一盒？

　　(1) 一瓶水蜜桃、一瓶草莓及一瓶橘子。

　　(2) 一瓶橘子、一瓶草莓及一瓶葡萄。

　　(3) 二瓶草莓及一瓶藍莓。

　　(4) 三瓶水蜜桃。

　　(5) 三瓶橘子。

18. 下列何種組合不可能是盒裝的一部分或全部？

　　(1) 葡萄及水蜜桃。

　　(2) 水蜜桃及藍莓。

　　(3) 橘子及水蜜桃。

　　(4) 橘子及葡萄。

　　(5) 草莓及藍莓。

19. 已知某盒已有一瓶草莓，則該盒還可以再加入下列何者？

　　(1) 一瓶水蜜桃及一瓶橘子。

　　(2) 一瓶葡萄及一瓶橘子。

　　(3) 二瓶藍莓。

　　(4) 二瓶橘子。

(5) 二瓶葡萄。

20. 已知某盒已有一瓶橘子及一瓶水蜜桃，則該盒還可以再加入下列何者？

(1) 一瓶橘子。

(2) 一瓶葡萄。

(3) 一瓶草莓。

(4) 一瓶水蜜桃。

(5) 一瓶藍莓。

21. 已知某盒已有一瓶橘子，則該盒還可以再加入下列何者？

(1) 一瓶橘子及一瓶草莓。

(2) 一瓶葡萄及一瓶草莓。

(3) 二瓶橘子。

(4) 二瓶葡萄。

(5) 二瓶草莓。

22. 任意選取某盒中的二瓶果醬，則此二瓶必不為下列何者？

(1) 一瓶草莓及一瓶水蜜桃。

(2) 一瓶葡萄及一瓶橘子。

(3) 二瓶橘子。

(4) 二瓶葡萄。

(5) 二瓶草莓。

23. 已知某盒是二瓶 A 口味的果醬，及一瓶 B 口味的果醬，則 A 必不為下列何者？

(1) 橘子。

(2) 葡萄。

(3) 藍莓。

(4) 草莓。

(5) 水蜜桃。

邏輯入門

24. 三對年輕夫婦一同去迪斯可舞廳玩樂跳舞。一位女士穿紅色衣,一位穿綠色衣,一位穿藍色衣。男士們也穿這三種顏色的衣服。當三對夫婦在跳舞時,穿著紅色衣服的男士告訴穿著綠色的女士(其舞伴)說:「好不好笑,美玲,我們每個人的舞伴都和自己穿不一樣的顏色。」根據這個資訊,你能推出每一組舞伴的衣服顏色嗎?

25. 有五位女子(美美、莉莉、英英、玲玲、琪琪)和五位男子(阿勇、阿志、阿新、阿國、阿傑)將於週一至週五的某一天結婚。每對新人結婚日期不同。請由下列資訊判斷誰和誰結婚?並於星期幾結婚?

    (1) 美美將於星期一結婚,但阿傑不是。

    (2) 阿新將於星期三結婚,阿志於星期五結婚,但琪琪不是於星期五結婚。

    (3) 阿國(即將迎娶英英),並於玲玲結婚之後一天結婚。

26. 美美自從上了糕點班之後,就迷上了做點心。她上週一至上週五,分別用了不同的原料(豆粉、麥粉、米、燕麥及大麥),做出不同之點心(手工餅乾、杯子蛋糕、海綿蛋糕、戚楓蛋糕及炸彈麵包)。請由下列資訊,判斷美美在星期幾用什麼原料做出什麼點心。

    (1) 杯子蛋糕是在用麥粉製成之點心的後面那一天做出來的。

    (2) 炸彈麵包是星期五做的。

    (3) 星期三是用米來做點心,但那不是杯子蛋糕。

    (4) 吃大麥做成的點心恰好是吃手工餅乾之前一天。

    (5) 戚楓蛋糕是用燕麥做的。

27. 李紫、蔡歸、陳皮、秦勞、黃崇、郭徑六個人,都和某件命案有所關聯。其中有被害者、兇手、證人、警察、法官以及執刑官,而且每個人都只具備一種身分,但是不曉得確定的對應關係。據調查,兇器是一把手槍,被害者在心臟部位挨了一槍後當場斃命。證人說,他雖然

沒有親眼目睹命案的發生經過，但是，當天他在聽到一陣爭吵後，就傳來槍聲。經過一番槍戰後，兇手終於被逮捕了。審判後，兇手獲判死刑，並且已經行刑完畢。已知：

(1) 黃崇認識被害者和兇手。

(2) 法官在法庭上，叫李紫解釋開槍的理由。

(3) 蔡歸是郭徑生前最後見到的人。

(4) 警察在法庭上說，他是從兇殺現場附近，把陳皮帶到分局的。

(5) 秦勞和蔡歸沒有機會碰面。

請問，這六個人在這件命案中各扮演什麼樣的角色？

28. 小張、佐佐木、卡拉、德華，四人分別在聖誕假期搭了四艘不同的國際郵輪(維多利亞號、瑪莉號、昇龍號、美川號)出國旅遊。這四艘郵輪其出發地(大阪、舊金山、西雅圖、東京)、其目的地(大阪、東京、曼谷、香港)及航行天數(3、4、7、8)均不相同。請依下列條件找出每個人搭乘的郵輪、其郵輪航線及航行天數。

(1) 小張搭乘目前載重量最大的維多利亞號。

(2) 佐佐木自西雅圖出發。

(3) 德華的目的地是曼谷。

(4) 昇龍號的終點是香港。

(5) 美川號的起點是大阪。

(6) 有一條航線是舊金山到東京

(7) 卡拉的航行天數最短。

(8) 瑪莉號的航行天數是 7 天。

(9) 維多利亞號比美川號的航行天數長。

29. 六家化妝品商(阿塔波、指定堂、泰嘉、東京麗芭、B & C、鼻王)不約而同都分別推出了沐浴乳(溫泉三味、湯治之素、入浴時光、沐浴伙伴、祕湯探訪、放鬆泡泡)，這六款沐浴乳的顏色(黃、白、紫、紅、

綠、無) 及香味 (玫瑰、茉莉、薰衣草、番紅花、硫磺、無) 各不同。依下列條件，找出這六家化妝品發行的沐浴乳為何？

(1) 溫泉三味呈無色。

(2) 湯治之素呈黃色。

(3) 沐浴伙伴是指定堂發行的。

(4) 放鬆泡泡無香味，但有促進血液循環的功效。

(5) 泰嘉發行的沐浴乳有番紅花香，但不是溫泉三味。

(6) B & C 發行的沐浴乳是紅色的，但不是玫瑰香。

(7) 鼻王發行的沐浴乳是白色的。

(8) 茉莉香的沐浴乳是綠色的。

(9) 薰衣草的沐浴乳是紫色的。

30. 三名品酒實習生 (八木、湯淺、吉田) 接受考試。他們的主考官由可榭頌、那多爾及龐地三酒廠出產的酒各倒一杯，而他們三人隨手拿起一杯，喝了一口之後，旋即評論。最後，主考官則因其正確的論述而給他們高分。現請依其論述，指出各自品評的酒的酒廠名、年份 (1949、1956、1961)、產地 (勃艮地、普羅旺斯、波爾多) 及價格 (每瓶 56 萬日幣、每瓶 72 萬日幣、每瓶 88 萬日幣)。

    八木：「這方醇的酒來自勃艮地，但不是 72 萬那瓶。而且我知道普羅旺斯出產的那瓶酒的年份比波爾多出產的那瓶還要久。」

    吉田：「這酒是可榭頌酒廠的，但其價位比龐地酒廠出產的便宜。而且我知道那多爾酒廠的產地在波爾多。」

    湯淺：「這酒的年份不是 1956，至於 1949 的那瓶要價 72 萬呢！」

31. 李探長試圖從三個嫌犯中找出真正的罪犯，他已知道：犯罪者只是一個人。

    三個嫌犯的供詞如下：

    甲說：「我沒有做這件事，乙也沒有做這件事。」

第九章　邏輯推理謎題

乙說：「我沒有做這件事，丙也沒有做這件事。」

丙說：「我沒有做這件事，我也不知道是誰做這件事。」

每個嫌犯的兩句供詞中，都有一句是真的，一句是假的，試問李探長逮捕哪一個人呢？

32. 姑母阿麗到台北三個姪兒那裡作客，並一同遊覽了台北許多地方。日後，三個姪兒作了以下談話：

第一個姪兒：「我們登上了台北 101。我們沒有到故宮。不過我們參觀了陽明山。」

第二個姪兒：「我們登上了台北 101。我們也到故宮。但我們沒有參觀陽明山。」

第三個姪兒：「我們沒有登台北 101。但我們參觀了陽明山。」

如果每個姪兒各撒一句謊，那麼到底他們和姑母阿麗一同參觀了哪些地方？

33. 虎克船長拿到一張金銀島之藏寶圖，但不知其真偽。而判斷其真偽的方法唯有問金銀島之居民。島上不多不少有「老實族」及「說謊族」二族。正如其名，老實族永遠說實話，一句假話也不說，而說謊族只說謊話，沒有一句話是真的。虎克船長到了金銀島後，派手下阿進擄一島上居民問話，但不知其種族，該土著看了一眼藏寶圖後，說了一句：「那藏寶圖是真的，若且唯若我說真話。」請問虎克船長所擁有的藏寶圖究竟是真還是假？

第 34～40 題請分別依其前提，選出一個最佳的答案。

34. 在某一個實驗中，200 隻同一種類正常且未患血友病的老鼠以同樣劑量的放射線照射。之後，一半的老鼠可以吃它們平日的飲食，並沒有限制。而另一半的老鼠給予相同內容的食物，但份量則有所限制，且此一份量恰足以應付其日常活動所需。最後，第一組中有 55 隻老鼠患

血友病，而第二組中只有 3 隻得病。由以上敘述，最能得到下列何者推論？

(1) 這一種原本健康的老鼠得血友病時，症狀不大明顯。

(2) 這一種的老鼠若限制其飲食，較能抑制血友病的發展。

(3) 放射線的照射對血友病影響極微。

(4) 不限制飲食最益於老鼠健康。

(5) 不論有沒有放射線，允許老鼠吃平日的飲食，均會增加其患血友病的機率。

35. 天生瞎眼或天生又瞎又聾的小孩和一般大部分的小孩一樣，都是在三個月左右就會因人際互動而微笑。上述發現支持以下哪一個假設？

(1) 對嬰兒而言，由笑容帶來的生存優勢主要發生於照顧嬰兒的人和嬰兒之間。

(2) 當雙親都不在時，嬰兒就不笑了。

(3) 嬰兒的微笑主要是由先天來決定其發展模式。

(4) 人的笑基本上是不含敵意的表示。

(5) 當嬰兒微笑，照顧他的人會回應嬰兒，這就像照顧嬰兒的人會回應和其他人的交談一樣。

36. 在 2007 年，淨賺 1 億 2 千 2 百萬以上的 200 家公司其捐款佔所有企業贊助美國高等教育款項的 75%。同一年，30% 之企業贊助美國高等教育的款項來自於 15 家日本公司，這些公司由全球 50 個以上的國家獲利。根據以上的敘述，下列推論何者正確？

(1) 在美國高等教育收到的捐款中，半數以上是來自企業界。

(2) 在 2007 年，個人捐款給美國高等教育的金額佔所有美國高等教育捐款收入的 25%。

(3) 在 200 家年度淨賺 1 億 2 千 2 百萬以上的公司中，至少有一家收入來自全球 50 個以上的國家。

(4) 在 2007 年，這 15 家日本公司的一部分 (但非全部) 年度淨賺 1 億 2 千 2 百萬以上。

(5) 這 15 家日本公司的收入大多來自日本以外的國家。

37. 某城市的小學教室由一層樓高到六層樓高不等。市消防局規定：在該市內的小學，若教室位於二樓 (含) 以上，則要安裝防火門。根據以上的敘述，下列有關該市小學之敘述何者正確？

(1) 某些小學的三樓教室未安裝防火門。

(2) 沒有一間小學的一樓教室有安裝防火門。

(3) 在小學，若二樓 (含) 以上的房間不是做教室用，就沒有裝防火門。

(4) 任何一間小學的四樓教室都有安裝防火門。

(5) 教室全都在一樓的小學沒有任何防火門。

38. 有的人認為電腦工程師若能更了解人們如何思考，將有助於發展更精密的人工智慧程式語言。然而，此觀點和下列事實牴觸：飛機設計的任何一個重大突破均和鳥類飛行的認知無關。在上述反對的言論中，將人工智慧程式語言暗喻為何者？

(1) 人類思考的理論。

(2) 飛機的設計藍圖。

(3) 科學如何進步的假設。

(4) 電腦模擬鳥類飛行的設計。

(5) 對鳥類飛行的研究。

39. 資料顯示大多數前來就醫的人正承受著極大的壓力。而研究也顯示壓力過大將降低免疫力。因此，我們研判承受極大壓力的人較容易生病。以下哪一個現象，最能支持上述的研究與推論？

(1) 大公司除了幫員工辦理健康保險之外，也會舉辦「減壓研討會」。

(2) 大部分的人在住院時，或是在照護中心時，都會感受到壓力。

(3) 在期末考期間，大學附屬醫院或診所的就醫人數急劇增多。

(4) 當員工因雇主要求而感壓力時，出勤率就大幅降低。

(5) 在寒暑假時，大學附屬醫院或診所就面臨比較少的醫療糾紛或抱怨。

40. 人的心臟不只是循環器官，它還會分泌出一種荷爾蒙，以調節血液中的含鹽量及循環身體的血液量。雖然這種荷爾蒙只要微量就足夠了，但對調節人的血壓很重要。另一方面，在心血管疾病患者身上，卻能驗出大量此類荷爾蒙。

　　根據上述理論，以下何者亦屬實？

(1) 若此種荷爾蒙不足，常引發低血壓。

(2) 若此種荷爾蒙過多，將引發心血管疾病。

(3) 此種荷爾蒙對人體的影響是長效性的。

(4) 即使改用人工心臟，也無法取代真正心臟的所有功能。

(5) 其實降血壓的藥就是在調節此種荷爾蒙的分泌量。

第 41～55 題請完成下列數獨。

41.

1		3	9		5	6	7	
4	5		2	6	7			3
6	7			1			2	5
	1	7	5	3		8	4	9
5		4	1	7	9		6	2
3	9				2	5		7
	4	2	6		3	9	8	1
8		1	7	9		2		
	6	5		2	1	7	3	

第九章 邏輯推理謎題

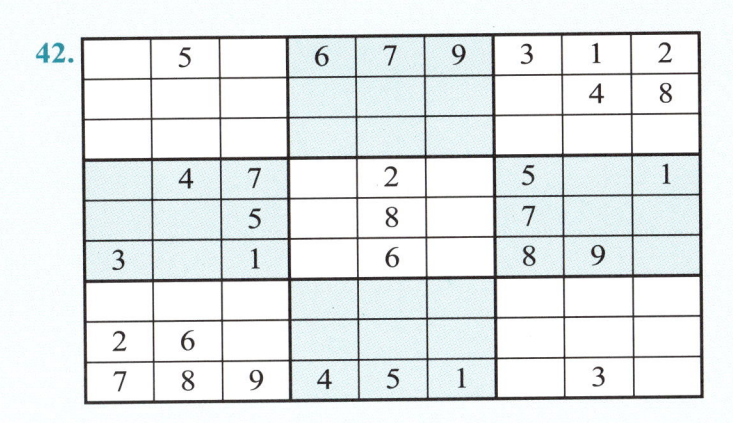

42.

	5		6	7	9	3	1	2
							4	8
	4	7		2		5		1
		5		8		7		
3		1		6		8	9	
2	6							
7	8	9	4	5	1		3	

43.

1			4		6		2	
		4	3		8	9		
	7			1			3	
	1		7		5		4	
6				2				3
	3		1		9		5	
	2			8			9	
		8	9		7	2		
	4		2		1			6

44.

2		8				6		7
	3		5	1	7		9	
5								1
	4		3		2		7	
	9						2	
	5		6		1		8	
4								8
	8		2	5	3		6	
3		7				9		5

261

45.

				2	3			
			9					4
	1	8						5
					6		3	
	7					2		
	5		1					
9						8	6	
3					7			
			5	4				

46.

				1				7
	5		2				9	
		1	3					
			4			3	1	
8								9
	9	2			5			
					6	4		
	3				7		2	
5				8				

47. 請由「$x=1$ 且 $y=1$ 且 $x+y+z=3$」此一敘述找出 z。

48. 《坎培拉時報》報導：「超過 60 歲而獨居的人當中 34% 是女性，而只有 15% 是男性。」請問錯在哪裡？

49. 生活低於官方貧窮標準的美國人數，在 1979 年到 1998 年的 20 年之間，從 26,072,000 增加到 34,476,000。上升了多少百分比？你該不該根據這些數字就做出結論，認為貧窮的情況愈來愈普遍。為什麼？

50. 死亡人口中只有一半為吸菸者，所以吸菸不見得對人體有害？

51. 對於暴風雪，新聞報導會這樣說：「這場冬季風暴挾著雪橫掃該地區，造成 28 件小車禍。」請問你能就此推論暴風雪易造成車禍嗎？

52. 一個朋友告訴你：「美國歷史這門課有 20 個學生被當，而俄國歷史只

有 11 個學生被當。所以美國歷史的教授打分數要比俄國歷史的教授嚴格。」說明為什麼他的結論未必正確，以及要比較這兩班的程度，你還需要什麼資訊？

53. 國會要求醫療單位提出抗癌有效進展的證據。可以考慮的變數有：

    (1) 因癌症死亡人數。這個數字隨時間大幅上升，從 1970 年的 331,000 到 1990 年的 505,000，甚至到 1998 年的 539,000。

    (2) 美國人死於癌症的百分比。死於癌症佔死亡的百分比，從 1970 年的 17.2% 穩定增加到 1990 年的 23.5%，然後在 1998 年的 23.0% 穩定下來。

    (3) 從發現疾病算起，存活超過五年的病人比率。這個比率在緩慢上升中。對白種人來說，5 年存活率在 1974 年到 1976 年間是 50.3%，1989 到 1995 年間是 60.9%。

    要當做治療癌症的有效性的量度，以上這些變數沒有一個是完全有效的。解釋一下為什麼即使治療愈來愈有效，(A) 和 (B) 仍然可能增加？而即使治療愈來愈沒效，(C) 還是可能增加？

54. 以下是某科學期刊中一篇書評中的 1 段：

    「……總共 20 項研究當中，有 57% 報告了有統計顯著意義的結果，其中有 42% 同意某一項結論，而另外的 15% 同意另一項結論，通常是相反的結論。」這段話裡的數字合不合理？

55. 小明家養了 6 隻雞，霸道的小華偷走了小明家所有的雞。於是小華有 12 隻雞，他把雞關成圖 1 的方式，每天由四邊數數看，看看是否各有 3 隻。

	雞雞雞	
雞雞雞	小華	雞雞雞
	雞雞雞	

圖 1

邏輯入門

聰明的小明把雞如圖 2 重新排了一下,每邊還是 3 隻雞,於是小明便可抓回 4 隻雞卻不會被小華發現。

雞	雞	雞
雞	小華	雞
雞	雞	雞

圖 2

但還有 2 隻尚未抓回來,請問你要怎麼排 (圖 3) 才能幫小明抓回最後 2 隻雞,而且小華又沒發現 (即四邊還是 3 隻雞)?

	小華	

圖 3

參考書目

中 文

1. 丁致良 (2004)。離散數學。台中市，落魄秀才書屋。
2. 王九逵 (1994)。邏輯與數學思維。新竹市，凡異出版社。
3. 王幼軍、金之明 (2000)。著名數學家和他的一個重大發現。新竹市，凡異出版社。
4. 吳定遠 (1983)。數理邏輯原理。台北市，水牛出版社。
5. 林正弘 (2002)。邏輯。台北市，三民書局。
6. 邱學華 (1995)。小學數學大世界。新竹市，凡異出版社。
7. 袁長瑞 (2005)。邏輯教室：袁大頭的推理遊戲時間。台北市，天下文化出版社。
8. 堀場芳 (2000)。數的奧秘。新竹市，凡異出版社。
9. 墨爾 (2002)。統計學的世界。台北市，天下文化出版社。
10. 陳瑞麟 (2003)。邏輯與思考。台北市，學富文化事業有限公司。
11. 張青史 (2002)。世界幽默故事——聰明篇。台北市，風車圖書出版有限公司。
12. 張智光 (2002)。邏輯的第一本書。台北市，先覺出版社。
13. 張遠南 (1996)。否定中的肯定：邏輯的故事。新竹市，凡異出版社。

14. 曾慧雪 (2003)。100 個有趣的思考遊戲。台北市，究竟出版社。
15. 鄉內邦義 (2001)。誰是推理王①。尖端出版社。
16. 腦力&創意工作室 (2006)。全世界都在做的 800 個思維遊戲 (上)。台北市，宇河文化出版社。
17. 蔡介裕、袁長瑞、高志亮 (2001)。理則學。台北縣，新文京開發出版有限公司。
18. 劉見成、張燕梅 (2004)。謬誤、意義與推理——邏輯初階。台北縣，新文京開發出版股份有限公司。
19. 薛美珍 (1993)。跳出思路的陷阱。台北市，天下遠見出版股份有限公司。
20. 薛美珍 (1997)。啊哈！有趣的推理。台北市，天下遠見出版股份有限公司。

英 文

1. C. C. Pinter, Set Theory, 1986.
2. GRE 9th edition, practicing to take the general test, ETS, 1994.